想靠臉吃飯，
生活卻逼我拚盡全力

郝慧川

世上只有一種英雄主義，
就是在認清生活真相以後，依然熱愛生活。

——羅曼・羅蘭

就算要躺平，也要講究怎麼躺才能讓姿勢更高級

凱特王

認識慧川之後我就非常喜歡這個人，那種喜歡是因為在他身上看到自己所沒有的鬆弛感。他總是用「自律」來形容我，但我內心明白，自律在他的生活哲學裡並不算一個優秀的人格特質，甚至很「趕客」。

於是，我們的友情就這樣在彼此的差異中進行著，哪怕微微有著世代之差，他也一直很配合我這位老女人，說著讓我聽起來舒服的話。但那樣的他，恰恰就是最富有攻擊性的他，就如同這本書，乍看之下好像要大家都放自己一馬，與自己和解，其實不然。慧川對生活既喪又愛的表現就是——就算要躺平，也會講究

怎麼躺才能讓自己看起來更高級。他研究的是那個躺平的姿勢，一種符合自己審美的姿態。而這樣的人，是註定不會普通的。所以他的文字才能產生共情，把他說的「副業」推向業界人士口中的「暢銷作家行列」。他總是試圖用無心插柳柳成蔭的說詞去模糊當中需要特別用力的部分，但同為文字工作者，我一直都知道過程沒有那麼容易。

我嘗試從讀者角度看他，是因為如果從作家角度看他會讓我變得面目可憎。從讀者角度出發讓我輕鬆很多，也讓我得到很多快樂。他就這樣在胡說八道裡揭露了許多人生中不易察覺的血淋淋真實，有種看著周星馳早期電影的爽快。

優秀作家都是生活的觀察家，慧川精準地抓住了每一個瞬間，如此巧妙，不帶匠氣，以至於讓人看完書嘴角會泛起微笑，卻又心領神悟了一些什麼東西。

到底是什麼東西呢？反正很高級。

推薦序

挫折被轉化成幽默，災難也能進化成喜劇

崴爺

郝慧川，又進化了。

幾年前看了郝慧川的第一本書《跌倒了沒關係，沒人看見就好》，字句裡藏著文藝青年的小叛逆，卻沒有憤世嫉俗的煙硝味。還不認識他本人的時候，我的直覺就告訴我，他是一個特別的人。

因為一次Podcast專訪，我認識了郝慧川，果然如我想像，他就是個奇特的物種。他說，他是「愛的文曲星」，我覺得他根本是年輕作家界的達賴喇嘛，年紀輕輕就參透世事，還能用四兩撥千金的智慧，去面對生活裡沉重的課題。在幽默、

詼諧、有點小刻薄的文字裡，挫折被轉化成一種幽默，災難被演成一齣喜劇。我相信郝慧川前兩本書，已經渡化了不少善男信女。

我在郝慧川這個年紀（他居然只有三十出頭），正面臨自我認同、定位的迷惘，而他這本新書《想靠臉吃飯，生活卻逼我拚盡全力》，卻已經找到了答案──「每個人應該都正主演著一部戲，那部戲的主角便是自己。而這麼多人明明自己可以是主角，卻活成了別人的配角。『做自己』說了這麼多年了，有誰真的搞懂了那是什麼意思？開會睡覺、口無遮攔、放任自己做些讓他人不愉快的事情都不叫做自己。我想真的做自己應該是別拿別人的生活來定義自己。」

郝慧川，你知道這些道理，哥可是花了四十年的時間才參透的！

恭喜你出了第三本書，很高興看到你不斷地進化！網紅界、作家界有千千萬萬的花朵，但你已經長成你自己的樣子。

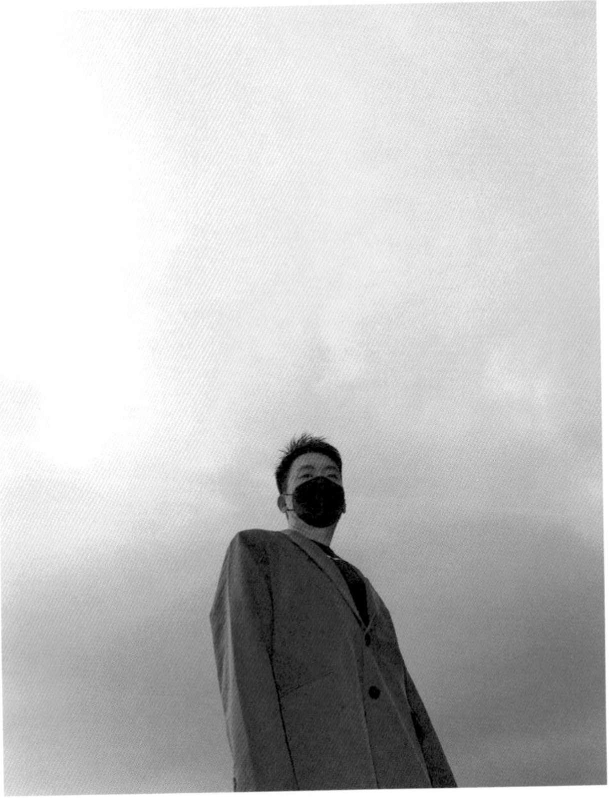

作者序

這個世界不太友善，但請感謝在角落發光的自己

哈囉，各位壯士，很榮幸你們陪我走到了第三本書。初見我的人，也很高興你拿起這本不算太厚也很好讀的書。

討論第三本書的內容時，編輯建議我可以針對「三十歲」的主題去發想。我苦思了很久一點頭緒都沒有，一是三十歲的主題，書市上好像不缺我來寫，二是步入三十的陣痛並沒有困擾我太久，我也不確定那些是否是屬於這個年齡段的人都會有的。但我想分享自三十歲以來，這幾年我的一些生活想法，對你來說也許適用，也許很垃圾，不管怎樣還是要感謝你認真看過後在心裡下了這樣的結論。

於是我打算以一個「普通人」的角度來寫這本書，梳理這些年來一些至今仍困擾我或是想通的事情，平凡如我，自然沒辦法解答你們所有的問題，也無法字字讓你們醍醐灌頂。所以每每別人問我的書是哪一個類別時，我都有些遲疑不知怎麼回答。因為我不覺得我的書是心靈雞湯，但也不算文學作品（儘管曾有一篇文章被選入高中國文參考書）。回想我的第一本書《跌倒沒關係，沒人看見就好》上架時，因為「跌倒」這個關鍵字還被書店歸類到「老人保健」讓我笑噴。但想想，把我的書分到保健類好像也有幾分道理，保健食品就算不能維持、改善健康，再不濟也有安慰心理的作用。其實這就是我寫書的初衷，希望你們可以在我的文字裡得到一些力量、免疫力或是一份安慰。

推薦序的作者凱特王為這本書抓了一個重點，我很喜歡：「就算躺平，也要躺得很高級。」但如何才能高級？那便是認清自己，不放棄努力的同時也知道自己的無能為力，找到符合自己審美的姿態，驕傲地躺著。覺得這樣的躺平方式很囉唆？臥病在床的人都需要翻身了，更何況是好手好腳還能夠閱讀的你？這世界能夠完全躺平的只有屍體，好嗎？

最後，如果你問我完成這本書有沒有想感謝的人。有的，我想感謝我自己，感謝待我時而溫柔、時而粗暴的生活。你們也應該感謝自己，感謝自己在一個不是太友善的世界裡依舊兢兢業業、熱愛生活。你們真實且有血有肉，儘管偶爾羨慕站在C位的大人物，卻都用最好的姿態扛起角落英雄的角色。

我是你們，你們也是我。

郝慧川寫於（還有三十年房貸要還的）小豪宅
2023/2/10

01

大膽一點，做一個普通人吧！

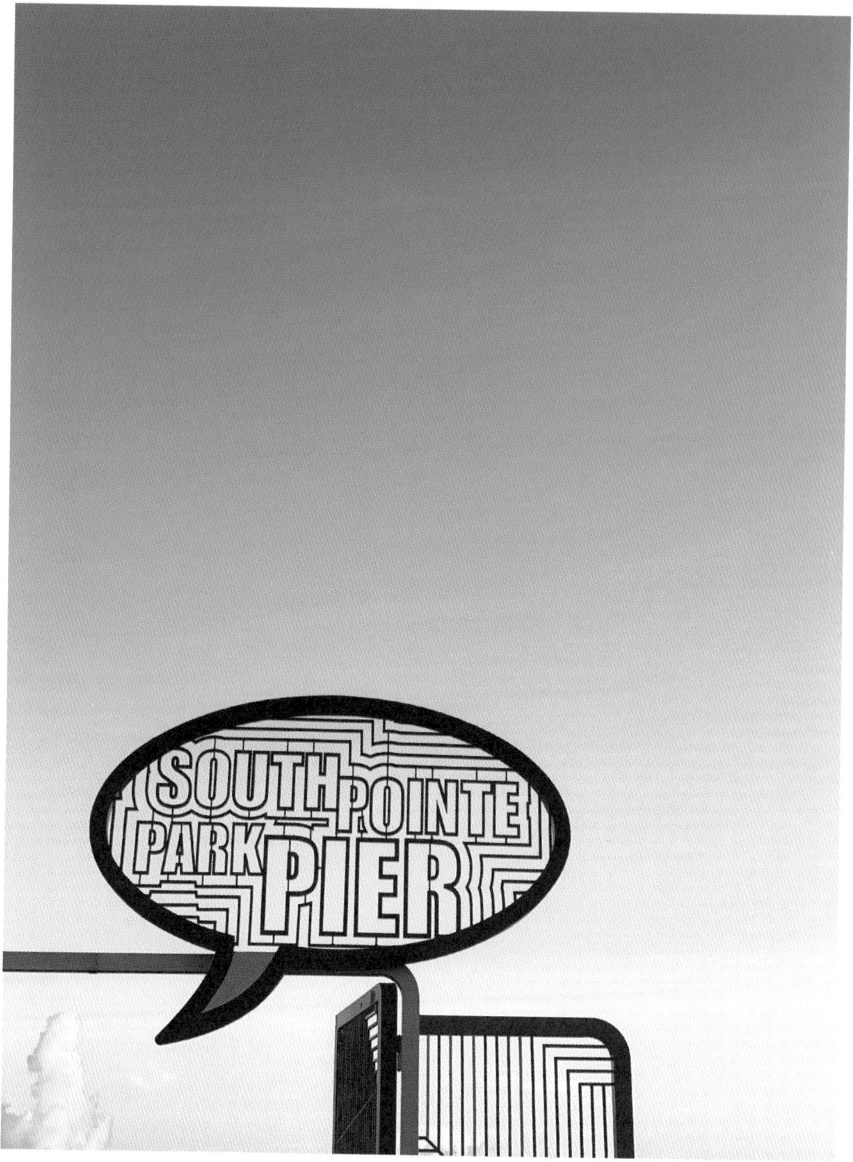
SOUTH POINTE
PARK PIER

02

我對生活過敏，有藥醫嗎？

03

我們大致相同，卻又與眾不同

01

大膽一點，做一個普通人吧！

會不會你剛好很普通？

不好意思，第一篇文章可能就要惹大家生氣了。也許你看到這本書的時候會帶著疑惑，怎麼大家都告訴我要相信自己是最特別的，最無可取代的，而慧川卻說我普通，甚至對於成為普通人抱持著正面的態度？

我知道我們都應該相信自己的特別，特別聰明、特別善良、長得特別好看，因為我們身邊的人也許都這樣告訴我們，我甚至也蠻同意的，年輕的時候。因為這個「美麗的誤會」，很快就會隨著我們進入現實的世界後瓦解，然後你會發現你的聰明只在成長的鄉里之間，你的善良在現實利益面前不堪一擊，你的好看只限於媽媽和早餐店阿姨的嘴裡。

我們在一次次跌倒之後，不斷奮起，因為學校老師都教我們「有志者，事竟成」，我們都很努力，都在想著「我都這麼用力了，再怎樣都會有個安慰獎吧？」越是這麼想，生活給你的耳光就越響亮，很多時候不管再怎麼努力就是會連一個安慰獎都沒有。不管你有多喜歡一個人，多用心地對他好，喜不喜歡你終究是他決定的事，而不喜歡你了，也是他說了算，根本努力不來。你覺得自己有與眾不同的才華，但你最終還是有可能懷才不遇，或是一輩子做著和熱情無關的工作。「有志者」終究只是成功的眾多要素的其中之一，運氣重要、會投胎重要，還有太多根本不在你的掌握之中的事也很重要。

沒錯，看到這裡你應該回床上躺平，蓋上棉被等待世界末日就好了。不，不是這樣的。生活沒這麼爛，你也沒這麼爛，你只是很普通。如果你覺得這句話讓你聽起來不爽那我跟你道個歉，但我還是要說，你一切的不開心，會不會只是因為你剛好很普通？

其實，在我踏入三十這個階段，「覺得自己平庸」可能是我最過不去的瓶頸。感受最深的時候大概就是，身邊同個時間一起出來工作的朋友們，工作開始飛快往上升，有人創業、有人高升；有人結婚生子或至少遇到了確定能夠走得長遠的另一半。不管怎樣，至少前路都變得很明朗，和他們見面的時候，看看自己都覺得失色許多。

這件事情因為到了三十歲突然被放大很多。長相普普、工作普普、收入普普、感情路普普，甚至有點不順，也算是一種普普風大師（？）我急於證明自己、渴望博得周圍人的掌聲和認可，很多時候讓我不確定自己究竟只是力爭上游，還是過於害怕落後勉強地奮力一搏？過於勉強的結果，除了失敗還落得不快樂的下場。

那時候的我躺平了好一段時間，覺得反正自己這麼普通，那就這樣吧，這樣普通的我，努力好像也不會有什麼改變。

唯一比較幸運的地方是，我把這個負面的感覺或是情緒發洩在了文字上，剛剛好有些人喜歡，剛剛好讓我被更多人看到，也剛剛好讓我有機會出了書，直到現在你拿在手上的第三本書，讀著這麼一個普通人寫的文字、發的牢騷。

作為一個稱職的普通人，從來都不應該躺平。每一個普通人都有自己的生活該過，相對的也有他們的價值可以創造，雖然很現實的，每個人可以創造的價值絕對不一樣，但終究是有價值的存在，所以不要因為被否定了就連帶否定了自己所有的價值。

也別只用一種方式定義自己的價值，例如一定要年薪多少才是有出息、三十歲一定要怎樣才對得起父母、不要單身、有孩子才不枉此生。當你用這麼單一的標籤在定義自己時，萬一無法得償所願（而且這樣的機率還不低），你的世界很容易就崩塌了。在我訪問過的對象中，會被我用「內心強大」來形容的人（不管是不是裝出來的），大概都有一個特質：

他們有自己定義自己的方式，
不需要不停透過外人、社會的評價來肯定自己，
它們散發出的是一種很穩定的 vibe。

而這些人不全部都是普世價值認為所謂「成功」的人，很多都是像你我這樣的普通人，像是我去花蓮玩時碰到的一位離開都市、返鄉開 bnb 的大哥，他們似乎都很能接受自己擁有多少，以及滿足自己能創造出的價值。

以機率來看，能夠飛黃騰達或成為我過去訪問的那些，用普世價值定義所謂的「成功」的人終究是少數，所以這本書絕對不會教你如何踏上成功的路，也絕對不會是由我來教。當我在寫這本書時，我常在想，如果要我送給我的讀者一個願望的話，那會是什麼？在網路上滑了一堆的賀詞，從飛黃騰達、平步青雲、事業有成到覓得良緣、早生貴子全都讓人備感壓力。不是我們抗壓力低或是勇於逃避，而是我們都有一樣的難題：

時間不夠、才華有限，大多數的我們，終究普通。
所以，我不祝你飛黃騰達，
只願張弛有度，廢得剛剛好，
力氣也用得剛剛好，自由且自在。

所以最後，我對自己和你們只有一個期待：請大膽地成為一個普通人吧。

三十而立，可是我還有點累

在某一個凌晨，好不容易忙完了工作，我躺在床上蓋上被子，「啊，明天好像有一個早上的會要開……」腦袋閃過這個念頭之後，我的思緒就像部落豐年祭裡的舞者一樣，一個牽一個，開始在我的腦海裡勁歌熱舞，把好不容易培養出的睡意全部趕跑。

那一晚的思緒跑得快到我有點抓不住，從明天的會議、到今年就要結束我似乎什麼都沒做，新書進度依舊落後、新家就要交屋，裝潢費夠嗎、我準備好要背三十年的房貸了嗎、依舊單身的我在市場價格不斷貶值、未來我在自己獨居公寓過世後會被養的狗吃掉嗎？什麼？那我要養狗嗎？凌晨三點我的雙眼依舊睜得斗大，眼睛因為疲勞不斷分泌淚水。

「唉……好累喔。」我不自覺地在自己的房間裡對著沒人天花板吐出這句話，當然，這時間點我不會希望天花板上有人跟我說說話。

「累」。不知道為什麼，我最近好像特別容易聽到這個字，特別是來自身邊的朋友。這些和我一樣正處在三十前中後段班的朋友們，「好累」已經成為我們的口頭禪。三十而立已經是個老掉牙的概念，這種對於某個年紀的殷殷企盼和不合時宜的期待不是應該已經被淘汰了嗎？說得很容易，但身為當局者的我們卻沒辦法像多數的雞湯作者們說得那樣瀟灑和雲淡風輕。

我們也想相信年齡只是一個數字，沒有人規定你在三十歲時必須功成名就、成家立業，或至少有個安身立命的房子和可依靠的肩膀，不要還在風雨中飄搖。但是當這個社會寄予的期望還在，或是當身邊的人都走著所謂的「對的路」，我們難免會懷疑自己，是不是膝蓋不夠硬，怎麼三十好幾，路還是走得歪歪扭扭？

在我們十幾、二十幾歲是也會感覺累，但累的感覺不太一樣，那時的累大多睡個覺起來就好了。那時的我們不需要對生活的「安全感」，也許我們對未來的想像有限，甚至可能根本不會去想像，十年後的未來遠的要命，想來幹嘛？不過，三十之後，對未來的想像會突然清晰或是快速很多，甚至二十年後的日子都已經在不遠處，所以我們急著找另一半、買能夠給自己一點安穩感的保險，對抗那個易碎、朝不保夕的晚年。因為對安全感的追求讓我們時常處在一個必須時時刻刻達標的狀態。像是：我三十了，戶頭有多少錢？我有另一半了嗎？我在公司做到什麼職位了？甚至在我大學的時候就有一個學長跟我說，「如果到了三十歲，你的存款沒有五十萬，你就該為自己擔心了。」

這句話一直牢牢印在我的腦海裡，出社會工作的那些年，我三不五時都會想起這句話。那個學長耳提面命的臉和他臉上的毛細孔，至今我都還記得。也許當年的我應該要發憤圖強，兼個幾份工、斷絕大部分的生活娛樂，才能把微薄的薪水攢下來，但我沒有這麼做，只是任由這份恐懼在逢年過節時出來騷擾我。直到三十歲那年，我又想起學長的話，看了看戶頭，哪有五十萬，甚至過完年給完爸媽紅包錢，戶頭餘額連五萬都沒有好嗎！

寫這篇的時候我剛好追了《慾望城市：華麗的下半場》，裡頭我所熟悉的凱莉、米蘭達、夏綠蒂，從三十多歲的慾女變成中老年的婦女。想像中，到了她們的歲數應該到達知天命和耳順的境界了吧？

但古人的話沒有真實反應現實，她們的生活依舊充滿了變數和不安全感。凱莉面對 Mr. Big 驟逝哭著問米蘭達今後自己該怎麼辦；米蘭達為了重新找回成為法律人的初衷回到校園，卻發現儘管自己已經是成功的律師，為了趕上這個變化快速的世界，她依舊左支右絀，追得氣喘吁吁。進入人生下半場的她們，儘管內心衝勁仍在，對自己充滿自信，但也總會有那麼一個瞬間，因為旁人的一個眼光或一句話而低頭審視甚至懷疑自己，下半場沒有想像中華麗，反而是有更多的不自信和不安全感。

所以，當還有人告訴你三十當立，你就放心地告訴他，你還需要時間躺一下，因為你很累。

喊累，一點關係都沒有，別急著督促自己解決別人的質疑。
不安和不確定感會陪著你很久很久，
每個階段都會出現漂流迷惘、無法下錨的感覺。

當時的我再怎麼想，五十萬這個數字不會憑空出現在我的戶頭，我的人生也不會因為有了這五十萬而變得萬無一失。光是過好今天就不容易了，你的目標和生活會因為你過好的每一天而變得越來越清楚明白的。睡吧，好好地睡一覺。

沒有人規定你在三十歲時
必須功成名就、成家立業

善待你的欲望

欲望這種東西從小時候就有了，各式各樣，最新的玩具、便利商店裡的飲料糖果冰淇淋、同班同學去上的才藝課，無奈我們沒有能力得到那些東西，只能伸手跟父母要。不知道大家跟父母或家裡的長輩開口結果是如何，我知道當時的同學有人只要開口，家裡就會買給他們，或是躺在地上鬧一下也能得逞。但這方面我媽是拿捏得很緊的，只要她認為是不需要的東西她絕對不會買，如果我吵鬧還會挨一頓揍，所以我和姊姊的童年和同齡小朋友相比，可以算是相當簡樸。

記得有一次和媽媽逛街的時候經過童裝專櫃，遇見了我童年時的偶像、漫畫《蠟筆小新》主角野原新之助的服裝專櫃。我待在櫃前遲遲不肯走，我看上了一件水藍色的tshirt，它的長相我至今歷歷在目。我真的好想要擁有它，眼神無法移開，對著它摸了又摸，腦筋裡已經勾勒出我穿著它走進教室的畫面，同學們發出驚呼，眼光裡盡是嫉妒與羨慕。

我媽自然是看得出我的心思，一般時候她會毫不留情地把我拖走，但那天她說：「好吧，如果你這次月考考到前三名我就買給你。」古語有云：「書中自有黃金屋」真是一點都不假。回家之後我發憤圖強，每天認真溫習功課、寫評量，最後我真的考進前三了。終於，那件水藍的蠟筆小新tshirt是我的了！從那天開始我每天都在盼望下班回家的媽媽手上會拎著百貨公司的袋子，裡面裝著的是我的盼望、我的獎賞。但一天天過去，媽媽手上拎過香腸禮盒、便當、超市買的菜、同事給的麻油雞，什麼都有，就是沒有我的禮物！終於到了某一天我忍不住問媽媽了：「娘親，您說的考前三名禮物，蠟筆小新tshirt什麼時候才會去買呢？」

沒想到媽媽最後給我的答案是她忘了，她每一期對發票的日子都不會忘，我魂牽夢縈、拚了命考到前三名想要得到的 tshirt 她卻忘了，對當時小學三年級的我打擊真的非常大，甚至斷了長大以後要孝順媽媽的念頭（開玩笑的）。不過就是這樣，可以看出從小到大川媽對於我們的物欲相當不重視，除了學校需要的東西，她完全不會滿足我和姊姊，甚至覺得那些東西不太需要。慢慢長大後，只要拿到壓歲錢我就會拿去買蠟筆小新的衣服，而長大過程有一段時間我曾經很著迷於買衣服這件事，只要手上有錢我就會拿去買衣服，大學時代打工領薪水我也都花在衣服上。

到後來出社會了，我也會把薪水很大一部分拿去買衣服。買的衣服通常是當季最流行的款式，完全不會考慮經典或耐穿度，只為了滿足當下的欲望。當時買的衣服現在我一件都沒留，如果那些衣服的錢我都有好好省下來，也許會有一張台積電的股票吧？走了不少冤枉路，以及每一年大掃除的時候發現衣櫥裡有太多買了只穿過一次就不喜歡的衣服，再加上意識到自己工作幾年沒存到多少錢，才驚覺我這個長久以來的惡習必須改掉。再仔細想想，這個惡習的來源很有可能就是來自小時候，那個買 tshirt 的欲望沒有被滿足。當然，那只是個單一事件，但這樣小事件的積累就塑造出了那個永遠嫌衣服不夠的我。

我覺得人都是有欲望的，當欲望被完全地壓制時，反撲的力量是很可怕的。就像你有沒有曾經想要減肥或吃得健康，早餐吃蘋果、中餐吃沙拉、晚餐吃水煮餐，結果宵夜吃了胖老爹炸雞？因為你的欲望不斷堆疊到無法收拾的地步，最後只有爆炸性的熱量和垃圾食物才能撫平你那巨大的渴望。

當然，也有人是可以做到對自己狠的人，像是時間一到立刻頭也不回上床睡覺；規律追劇絕對不跑馬拉松；收到快遞包裹可以放著幾天不拆。這樣的人自律又堅持，有這樣的性格做什麼事絕對都容易成功的，而這樣的人我相信應該也是少數。

多數的是像我們這樣的人，容易成為欲望的奴隸，並沒有出類拔萃或者成為人中龍鳳的遠大志向，我們的願望只是生活得舒服。偏偏那些生活中那些讓你舒服的事情，只要過量了都絕對有害。所以對我們這樣的普通人來說，取得平衡是最重要的。你喜歡好看的衣服，那就偶爾讓自己買買價格高、品質好或是有設計品牌的款式；你喜歡垃圾宵夜，就一週吃個一兩次，或在心裡特別累的時候不要管什麼健康、體重的了，狠狠點、狠狠吃。就連運動也一樣，我的教練告訴我，其實適度的暫停訓練、偶爾吃得隨便會讓健身的效果更好，千萬不要因為自己停了幾天訓練或一天多吃了幾塊蛋糕就否定自己。

現在的你有什麼忍了很久沒做的事嗎？當然，在不傷害自己或他人的前提下，去做吧。

也許，像我們這樣的普通人，
要學的是適度滿足自己的欲望，
也善待自己的欲望，
在自律和放鬆之間找到一個甜蜜點，
在張力中保有一定的鬆弛感。

不做C位的主角，做角落的英雄

每年的十二月應該是我一年當中最喜歡的月份前三名。原因是一年已經到了尾聲，有種好像可以放鬆的感覺，加上節慶的氛圍十分濃厚，手機打開、百貨商家處處在打折，到處都是金光閃閃的燈飾。加上從月中開始就會有大大小小的餐會、交換禮物接著再到跨年，歡樂的氣氛可以延續將近一個月，節慶感甚至更勝農曆新年。

年輕一些的時候，儘管我很喜歡這個月份，但它也讓我有點緊張。你在這個月份的活躍程度幾乎決定了你的社交地位，你參加過幾場交換禮物、平安夜和聖誕節有沒有吃一頓精緻的大餐、跨年有沒有放上幾張酒酣耳熱被一群人圍繞的照片並且佐幾句回顧過去一年、展望未來的心情小語，對一個年輕人的自尊可以說是有著決定性的影響。在這個社群的時代，某些時刻你沒有發幾張照片證明你的精彩，那麼你的生活必定不精彩。而這時代的我們，生活已經差強人意，沒有這些證據來墊墊自信，那我們還剩下什麼？

而就在三十歲後某一年的年底，我不知道哪一根筋不對，因為連續幾年都在夜店度過，所以推掉了幾個夜店跨年邀約，心想著應該會有一些比較清新（？）的局吧，例如山上看日出，或在一家有氣質的小店裡靜靜迎接新年。但腦海裡的藍圖總逃不過宇宙的作弄，或者說我身邊的朋友根本沒有這種人？下場就是一個局都沒有。不過我倒也沒有因此感到恐慌，那天下班自己去超市挑了一瓶酒，買了一點食物，和路上行人走著反方向的路，回到家裡開始張羅一個人的跨年夜。

自己一個人把燈調暗，打開NETFLIX存了好久都沒看的片單，才沒追幾集窗外就響起一陣陣的煙火聲，抬頭一看居然已經十二點了。我走到窗邊看著四射的一〇一煙火，城市一下變得很熱鬧，巷子裡停了好幾部車，都是看煙火的人，即使在家還是能聽到互道新年快樂的聲音此起彼落。看了一會，沒等煙火結束我就走回沙發繼續看影集。

電話這時開始響起通知，朋友開始發送新年快樂的貼圖和訊息。

「新年快樂！川〜〜〜〜！」

「新年快樂啊〜」

「川跨年去哪浪？」

「在家啊，哪都沒去。」

「什麼!!這麼慘?!」

我一時之間不知道怎麼回答，跨年一個人待在家真的很慘嗎？那個瞬間我的確有點懷疑自己，我往後的人生是不是都會這樣？我開始認真思考待在家跨年這幾個小時我的心情如何。我其實覺得蠻輕鬆自在的，可以看自己想看的劇，喝自己喜歡的酒，上衣可以紮到褲襠最深處，不必在人潮裡推擠，就算沒有跨年美照可以發也不覺得自己錯過了什麼，甚至還感覺到有點開心。不過，當朋友用驚訝的語氣對我的「孤僻」感到不可思議時，我卻動搖了，甚至想要質問自己是不是在強顏歡笑。

的確，在看到各路朋友們在社群媒體進行跨年攝影大賽時，或是遭受到友人對你怎麼度過跨年夜的質疑和眼光時，被定義成孤僻或者奇怪的人時，感覺多少會受到影響，但回頭又想，我怎麼三十幾歲了還在為了雞毛蒜皮的事情不高興呢？我自己的生活難道不是我自己開心就好嗎？別人拍了跨年美照，在照片裡笑得很開心，如果我在同樣的情況會一樣開心嗎？我會寧願捨棄一個人的狂歡，到街上擁抱洶湧的人潮嗎？

記得在看《東京女子圖鑑》時有一幕蠻有感的。女主角綾從老家秋田到東京，夢想脫胎換骨成為東京女子，過著精緻的生活、有著人人稱羨的工作和條件不凡的老公。但一次次挫敗後，她發現自己距離東京女子還有好大一段距離，而這個距離此生可能無法縮短。於是，在即將步入四十歲前，她將就著找了一個極其平凡的男人結婚了。心態從一定要出人頭地、飛上枝頭，變成「平凡地過生活」也可以。也就是說，如果生活是一部戲，裡頭不會有這麼多主角，多數人不過是配角罷了，如果努力無用，就安安份份當個配角就好。

我覺得，戲裡綾的世界觀應該要做點調整。不該忙著和那些光鮮亮麗的東京女子們攀比，因為沒有那樣的家世和成長背景，不管再怎麼努力，她依舊是那個秋田鄉下來的女孩，永遠做不成主角。但她忘了，

每個人應該都正主演著一部戲，
那部戲的主角便是自己。

而這麼多人明明自己可以是主角，
卻活成了別人的配角。

「做自己」說了這麼多年了，有誰真的搞懂了那是什麼意思？開會睡覺、口無遮攔、放任自己做些讓他人不愉快的事情都不叫做自己。

我想真的做自己應該是
別拿別人的生活來定義自己。

人家三十歲功成名就、兒孫滿堂、地下室停幾台跑車都不關你的事。就像《東京女子圖鑑》主角綾在某一幕裡說道，女人在婚前被告知結婚才能得到幸福，婚後又被告知有孩子才算圓滿，就這樣，明明是自己的幸福，卻一直被旁人定義，盲目追尋別人口中的幸福之後，最後只有滿心的不快樂。如果我待在家更快樂，為什麼要因為別人的一句話而失去興致或甚至自信呢？

所以，我看著手機裡別人的跨年照，再打開剛剛那位朋友驚訝著我沒出門的訊息不知道要回些什麼，想了一下，我決定關掉手機。回到沙發，拿起酒杯，繼續追那部未完的劇。

咦？我不是在聊跨年嗎，為什麼離題到如此神鬼奇航的地步？

路，不進則退；飯，不吃則瘦（嗯？）

在這篇川即將要化身為勸世寶貝，以一個過來人的身分聊聊存錢這件事。

記得我小時候曾經很瘋存錢這件事，原因是川媽是不給零用錢的，當時身邊的同學們每個月會固定收到零用錢，這裡面並不包含吃飯錢。我有段時間很愛玩電腦遊戲，當時有一款我特別想要，我還記得那款遊戲要價七百五十元，那時小學的我一天只有五十元，如果想要存到錢買遊戲，勢必要好好利用這五十元。

別誤會，川媽並沒有虐待我，二十多年前的早餐店五十元是可以買到一顆漢堡和中冰奶的。而中餐學校有營養午餐，晚餐則是在家吃，一個小學生的三餐就是這麼樸實無華。為了存錢我從減少早餐的量開始，從漢堡改吃果醬吐司，飲料從奶茶變成開水，這樣我每天可以存二十到三十元。但我覺得速度還是太慢了，我想要把每天的錢都存下來。

真的，這樣速度快多了，只要不到兩週就可存到錢買遊戲。但對一個小學生來說，不吃早餐真的好辛苦，尤其每天八點就要開始上課，要忍四小時才能吃午餐，簡直是酷刑。一直到後期，每天早上都餓到發抖，甚至有天去廁所發現連尿尿的力氣都沒有，從這邊就能看出我自小就開始培養堅忍（？）的性格，最後我終於買到了我朝思暮想的遊戲。

那時我了解到，存錢這件事很棒，只要堅持一段時間就可以滿足我的欲望。於是，從那時候一直到大學期間，我都用這樣的方式去買我想要的東西，我喜歡的東西從電腦遊戲片變成電視遊戲機，然後大學開始愛漂亮把錢都拿去買衣服包包和染頭髮。不過那時的花費現在看起來真的是毫無價值，畢竟是小時候的品味，不合時宜是很自然的，唯獨那時的一頭金髮至今仍被川媽誇獎，直說那時的我很像她最愛的韓星裴勇俊。而那時的習慣一直延續到了我開始工作後對金錢的態度。

記得那時拿到第一份薪水時，心情很興奮，雖然只有三萬出頭，但我的存款終於每個月會以「萬」的單位增加，雖然扣掉生活開銷和房租大概只剩數千元。某天遇到一個做投資理財的長輩，我天真地問他：「那我現在應該要做什麼樣的投資啊？」

他聽了笑笑說，「你有五十萬嗎？如果沒有的話先好好工作吧，別搞什麼投資了。」五十萬這個數目對當時的我來說太遠了，以我當時的薪水和開銷要有這筆錢，意思就是得要犧牲掉多數欲望和娛樂，於是我就放心躺平了，反正存不到，目標這麼遠，而欲望這麼近，不如先拿剩下的錢妥妥地把錢變成喜歡的樣子比較實在。於是每個月付完房租和生活開銷後的錢，我都拿去買衣服，或是看看哪些奢侈品是我存個兩三個月就能買得起的。

就在某天，我拖著疲憊的身心回家，開門的時候嚇了一跳，因為我的衣櫥塌了，四分五裂的那種，於是衣服散落一地。我沒想過是遭小偷，因為房間裡最值錢的東西就是那台電視，如果它還在就絕不是遭小偷。

那是我省錢隨便買的組合式衣櫥，本來質感就差，但最根本的原因還是它承受不了我衣服的數量而倒塌了。我一直以來將就的生活，膚淺的生活習慣，最終撐不起我不斷擴張的欲望。我絕望地一件件整理滿地的衣服時發現，裡面有三分之二的衣服都是我一年以上沒穿過的，要嘛已經退流行了，要嘛就是下水幾次質感已經不行，我想要回到每個自己領完薪水欣喜地踏進服飾店買衣服的時刻，然後給自己幾巴掌。

還有一次我發現筆電常常故障，嚴重拖累了我寫稿的進度，想要換新電腦但存款根本不夠，還好有信用卡可以分期購入，這才解決我的燃眉之急。我把每個月剩下的錢花在這些衣服上，我得到的只是那個時期混亂的穿衣風格，還有壓垮衣櫥的垃圾，到我真正需要用錢的時候反而還要依靠信用卡的幫忙。那時我才體會到我只把存款當作解決眼前欲望的習慣必須矯正，存款是為了應付未來更大更重要的需要，或是突如其來的風險。

很可惜頓悟到這個道理的時候我已經三十歲，但也很幸運地遇到了一個朋友，他告訴我存股、買ＥＴＦ的概念，於是我開始持續有紀律地把一部分的薪水投入，這樣做不過兩三年，我就已經看到自律理財的效果，不只錢錢真的變大了，它也成為我買房時裝潢、添購傢俱、家電的基金，心裡的安全感也更多了。而我也常常在想，如果我從一開始工作時就有這樣的習慣和觀念，我能夠累積到的財富一定會比現在多很多，也許我還能買一間更大坪數、靠捷運站更近的房子。

01

大膽一點，
做一個普通人吧！

不要總覺得自己賺的不多而不存錢，或是某個目標太遠而不行動。

因為只要你認真工作，你的薪水會變多、職位會變高，只要你開始往目標走，就只會越來越近。看過機場裡的那種電動步道嗎？通貨不斷膨脹，房價物價不斷上漲，但只要你開始前進，你最終會走到盡頭，但如果停著不動最後只會越退越遠。

夢想很豐滿，現實總是骨感，也因為這樣我們更要好好善用擁有的資源，好好存錢。有了資本你才有辦法投資自己、理財，也才會想辦法有效率精準地過生活。買衣服也是一樣，如果你買的聰明，不只不必花大錢，還能培養出好品味。

現在，請你把你這個月的發票和消費明細攤開，把衣櫥全部敞開，或是回想那些你總是輕易消費的東西，好好算一算那些買了後悔或根本忘了買過的東西總價是多少，你可能也會回到過去給自己幾巴掌。而如果你繼續這樣過生活，你的現實將永遠骨感。

蛋盒區的小華廈

前兩本書的作者序，我都在結尾處註明了書是寫於「信義區租來的小豪宅」，寫這本書的時候我已經搬進了新房。沒錯，這次不再是租來的小豪宅了，而是自己買的「蛋盒區的小華廈」。

記得我在交屋那天看著代銷人員一張張地給我看土地、建物權狀，把鑰匙交給我時，心裡還真是激動。買房一直是我三十歲後很想做的事，除了其他現實的理財考量，也想要擁有一個可以真正稱作「家」的地方，想要買自己喜歡的傢俱，把家裡漆上自己喜歡的顏色。

還記得代銷完成手續後，對我說：「恭喜喔，這年紀自己買房子很厲害喔！」我不好意思地笑了笑，他又說：「真的啊，現在這個時代，算很成功了捏。」

成功啊？我倒是從來沒有從成不成功的角度去想過，也不覺得開始背房貸後的人生算哪門子成功。不過，有一間在自己名下的房子的確是蠻符合傳統意義上的成功。

在房子這件事上一直有個爭論不休的議題，那就是「租屋」和「買房」到底那個好。租屋派的人主張租房自由，可以自由地轉換生活環境，負擔小不會影響生活品質，買了房子之後就是房奴，一點都不自由；而買房派的人認為，買房可以存錢、抗通膨，租屋等於錢丟進馬桶，房貸繳完了你可以得到一間房子，當房奴好過當房東奴等等。

其實兩方的論點都很有道理，所以我覺得這是一個沒有結論的辯論，原因是每個人的生活型態不一樣，投資方式也不一樣，那些說買房可以存錢抗通膨的人，怎麼知道租屋的人不是拿省下來的錢去做更有賺頭的投資，搞不好他們能因此賺得更多呢？

買房很好，很推薦把這件事當作一個最終的目標，那種感覺很爽。但是不建議把它當作一個階段性的任務，或是追求要在很年輕時就要完成的事情。有次我和朋友聊起買房的事，他說他的表弟也剛好買房了，但他的表弟很不開心。我就疑惑了，這應該是件值得恭喜的事情啊。

他說，他的表弟在知名會計師事務所上班，年薪高是不用說的。原本沒有買房打算，但媽媽認為他這個年紀應該要買房了才對，這樣才可以順便終結單身，順利討老婆。但媽媽又告訴他，不要買台北市以外的房子，沒價值。硬逼他在信義區附近的新建案置產，於是他花了六千萬購入新家。接下來的房貸壓得他喘不過氣，每天都活在巨大的壓力和不甘願的情緒中。

或是也有人在二十多歲的時候硬是買了一間房，因為他們相信買房這件事先做了等於領先起跑點，結果過著縮衣節食的生活，把社交生活全部斬斷，每天過著上班下班、兩點一線的生活，除了存錢還債什麼都不做。這是相當大的浪費。

我一直認為二十多歲時是一個社會人最重要的時間，這時候累積的人脈、吃過的飯、走過的路、讀過的書、上過的課甚至是存的錢，都決定了你三十歲後能不能爆發的能量。

因為三十歲之後的確就是一個人正要發光的階段。如果你在前面的十年都把自己關在家裡省錢，不去認識人、不去上課，只追求省錢，那你會錯過很多機會。

我覺得買房和結婚很像，他們都不是階段性任務，不是你一定要在幾歲前完成的事，是一個你在生活和心態都準備好時自然發生的事。要去符合別人的期望是很累的事情，它會讓你不自覺地想要急就章、做超出自己能夠應付的事情。「時間到了我該有一間房才對」，結果你付不出房貸，為了房貸犧牲生活的所有只為了每個月按時繳款；「時間到了我要和身邊這個人結婚了」、「我要趕快找個對象了」，結果你忘了觀察這個人能不能一起生活，或是天真地以為某些事只要日後再磨合，或認為自己以後會心甘情願地放棄或犧牲，最後只是壓抑自己滿心的不滿直到離婚。

不要誤會，我不是說你不要有目標，天天過得爽就好。反而是每個人都應該有個目標，但這個目標應該是放在充實自己，讓自己成為一個更好的人。又來了，又是這種陳腔濫調到應該被放進國小課本裡的陳腔濫調。沒錯啊，很多事都是這樣，他們之所以會成為口號，就是因為道理大家都知道但做起來太難，所以我們要隨時掛在嘴邊提醒自己，給自己心理暗示。然後充實自己這件事情就變得很抽象，像個玄學，人人都會說，卻不知道從何下手。

不知道你有沒有聽過一種叫做「心流」的東西，那是一種極度沉浸的狀態，描述一個人在專注和完全投入某種活動後，本身的心智狀態產生令人振奮的感覺。譬如運動員練習到忘我，或是你讀一本書到完全進入書中情節那樣。甚至是我曾經有一段時間很迷某個主題的 Youtube 影片，花了整個週末看完所有相關影片一樣。

那些充實自己的東西不必要多高大上，是你在做完之後心裡滿足並覺得自己好像比幾分鐘前更進步了，有些人熱衷研究股票，研究到熟知國際大事、產業結構，而且還從中累積到財富，這也是各方面都相當開心又充實啊。

不管你幾歲買房還是結婚，都該想的是這件事能讓你開心嗎？讓你開心的原因是什麼，是你心裡的需要被滿足了，還是別人的需要被滿足了？記得你的想要和需要應該放在第一位。這麼做倒也不是有什麼很宏大的理由，而是，你會情願承受風險，就算失敗也會心甘情願地失敗，服氣地閉嘴。因為沒人逼迫你，你從頭到尾都是為了「自己」。

我希望你能用
讓自己開心的事情來充實自己，
認識能讓你開心的朋友，
去學讓自己開心的事情。

誰能當個真正的「好人」？

某一天下午我在信義區閒晃，無意間聽到一個小男孩跟媽媽說：「我以後長大要當一個好的英雄，打敗壞人！」就是一句童言童語，對長大的世界充滿了想像力，以為壞人是能夠「打敗」得了的。

不過，那天下午我邊逛街就邊在想著什麼是「好人」。從最膚淺的角度來說，「好人」大部分就是我們喜歡的人吧。從小時候看的電視劇開始，從幾乎千篇一律善惡分明的故事裡，站在正義一方的角色們，通常都是挑長得好看的人來演，打扮也很符合大眾審美，不會有過度誇張的顏色和造型；相反，邪惡那邊的角色一定長得不是太賞心悅目，形象通常誇張又強烈。在這個二分法的世界觀裡，我們很明顯地可以分辨也很確定世界真的有善惡、光明與黑暗之分，站在明確是善的那邊，一定可以有善終、得到所有好的結果。

可是，小男孩長大後可能會發現，這個世界的善惡沒有這麼分明的，大多時候惡的是行為，是寫在法律裡的惡行，那裡面的「惡」是絕對的。大多數的人多半一輩子都不曾犯過法，沒有受過刑。可是當你想到「壞人」時，翻開小本本或在腦袋搜索一下，一定都能找出一些名字，那些你覺得是壞人的人都對你做了一些不好的事情。譬如說：偷抄你的作業、在工作上阻撓你的計畫或對你說了謊。這些事情傷害了你的情緒卻沒有對你的人身安全造成損害，甚至你換個角度，發現自己可能也會做同樣的事情。更諷刺的是，這些人在他們的家人、朋友眼中還是個完美的好人，只是立場不同，就能讓一個人有完全不同的評價。

也印證了那句話：「就算是再好的人，只要有在好好努力，在某人的故事裡也會變成壞人。」「努力」是一個正面的形容詞吧？也許一個努力衝刺事業的人，在過程中必須忽略其他人的感受，無法討好每一個人，才能達到最終目的。當我們將這個情節放在一部成功人士的傳奇電視劇裡，他絕對是「好人」吧？

我在看電影《寄生上流》時對其中的台詞印象很深刻，當電影裡的窮爸爸對妻子誇獎有錢太太「雖然有錢，卻很善良」時，被妻子指正了，她說有錢太太是「因為有錢，所以善良」。

我沒有經歷過什麼極端的貧富狀況，但我想起小時候零用錢很少，基本上媽媽給的錢只夠我買簡單的早餐和午餐，沒有多餘的錢可以去福利社買零食或者玩具。有一次跟朋友逛文具店時看到蠟筆小新的貼紙，那時的我是蠟筆小新的狂粉，所有小新的周邊商品我都想要擁有，但我沒有錢。當時身邊的同學除了我以外，每人都買了一套貼紙，那時我有一個衝動，就是趁老闆不注意的時候把貼紙放在口袋裡，反正老闆根本沒注意我們。雖然沒有這麼做，但我當下的欲望和衝動非常明確，如果我同學那時對我低語一句「拿啦！」我一定會這麼做。

無知
往往也是一種善良

甚至再長大一些，經過便利商店看到捐款箱裡滿滿的百元鈔時也會想把手伸進去，摸摸那些鈔票（？）。現在自己賺錢了，我會定期捐款給一些慈善或弱勢團體機構。即便如此，我會叫自己「好人」嗎？好像也不會，因為我知道自己在某些狀況下，還是有過鋌而走險的欲望，也曾想免費擁有文具店的蠟筆小新貼紙、順手摸走要捐給流浪狗的百元鈔票。

沒有經歷過真實狀況的人很容易高估自己，覺得自己能夠保持優雅、抵抗誘惑、坐懷不亂，就像我們常看到電視上很多人會在排隊搶某個限量商品時大打出手，如果那樣商品不是限量，現場的人都能得到，那麼我想，大家應該都能保持優雅，做個有素質的公民。

我聽過一個很有趣的理論，就是人在挑另一半時，要找經驗豐富的，也就是情史精彩的。如果是戀愛經驗少、感覺很乖的人似乎是比較危險的。原因是，出來玩過的人才會知道自己的極限是什麼，知道自己在什麼樣的情況下會失去控制，所以他們知道如何避免做出會讓自己後悔的事情。

相反地，如果經驗不足，他可能會告訴你自己是個好人，絕對不會做出傷害你的事情，他一定會在你的世界裡扮演好一個好人的角色。但往往，這樣的人最容易變成你生命中的壞人。這不代表他是帶著惡意的，他只是對自己無知，而無知往往也是一種善良。

我相信大多數人在保證對你不變心的當下都是真心的，
但移情別戀的意外也是真的。
所以，這個世界上可能沒有真正的好人，
只有不夠瞭解自己的普通人。

小男孩長大可能要失望了，他既無法成為英雄，或變成英雄那樣風光的大人；也不會是個好人，也許會變成一個憋屈、厭世、暗黑、不好不壞的一個普通人。

儘管如此，希望他會是一個閱歷豐富、在這個旅途中慢慢了解、懂得控制自己、能夠溫柔看待世界、對待他人的普通人。

放過星座，放過自己，你就是你的命運

我是人人口中的「唐國師」唐綺陽的信徒。這一點都不值得驚訝，因為我厚厚的同溫層裡的許多朋友也都是。我們會在國師每個禮拜、每個月的運勢影片上線時準時鎖定，然後在群組裡熱烈討論和轉發。星座運勢對我們來說是一成不變甚至生活低谷裡的一點盼頭。

我不是一直都這麼相信星座的。國小我就知道自己是巨蟹座，但這對那時的我可以說毫無關係，「你這個月的桃花很旺喔！」或是「與喜歡的人價值觀可能會有嚴重分歧」，對一個國小生來說，桃花很旺頂多代表體育課很多人想跟我分到一組；和喜歡的人有想法落差？指的可能是我想抄他的作業，他不讓我抄吧！我也不在意「你這週要注意小人」、「本月份容易破財」這種預言，難道會有人想在我的營養午餐下毒？就算破財，後果頂多也只是無法在放學回家路上我最愛的那家雞排攤消費。

然後呢，上了國中、高中、大學、出社會，身體越來越大（？）在乎的事情也越來越多，對於肯定的事情反而越來越少。我爸媽從小就常叫我不要越活越回去，但到我們現在的年紀，對生活的篤定感還不如小學三年級的我，這是鐵錚錚的事實。

你說說你是不是到現在都還會在網路上搜尋「天蠍男喜歡一個人的反應」、「如何判別牡羊女對你有沒有意思？」老實說，這種事我三十幾歲了還是會做，查了之後在腦袋裡抽絲剝繭，想從每一個細節找出對方可能對你有意思的證據，彷彿在調閱ＣＣＴＶ，想要抓出誰把你停得好好的車撞了肇事逃逸。然後最後終於湊合出他好像喜歡你的跡象後，才能安心地把網頁關掉，然後最後，你還是單身。

其實仔細想想你看的這些星座農場文，十篇有八篇都會說，「ＸＸ座，如果他喜歡你，你總是能感受到他的關心。」「ＸＸ座，他對你的訊息絕對不會已讀不回。」「ＸＸ座，如果他喜歡你，你約他他肯定會出來。」然後繞來繞去這些跡象都被換句話說套用在十二個星座上。

其實仔細想想，一個人對於喜歡的人會做出這些事不是很正常嗎？還需要有人寫一篇文章告訴你嗎？如果一個人永遠對你沒空，你說他有可能喜歡你嗎？就像學校裡的那些臭男生，下課十分鐘拚了命都要衝到操場打籃球一樣，就算到操場花三分鐘，分好隊兩分鐘，鈴響奔回教室又要三分鐘，最後只有兩分鐘投幾次籃，他們還是義無反顧、沒有明天似地奔去；暑假那麼長，但暑假作業永遠有那麼多人沒寫完或最後一刻才寫，難道是沒時間嗎？只是不想碰罷了。對於那些不喜歡你的人，你就是他們的暑假作業。只要是人，對於喜歡的人和東西，永遠有時間、時時刻刻都有空。當然，即便我現在說了這些好像人間清醒的話，我有時候依舊會忘記，總在我打開手機搜尋「ＸＸ座喜歡一個人……」時我才會突然醒過來在心裡大叫：「查個屁！我就是那個暑假作業！」

記得我去找過一個算命老師，朋友說這個老師有神通，說的預言都非常準，剛好那時對於未來有些迷惘，決定去見識見識。果然這個老師一見面就批哩啪拉說了一堆，先是說了我的命格多好，福份多高，聽得我輕飄飄的。然後我隨口問了感情，他一臉確定地說：「這個人已經出現了！」什麼！已經出現了？在哪？「嗄？這個人就在你身邊，你好好仔細想想。」我還沒來得及問完，時間就到了，一切都發生得太快，我完全沒預料到老師的節奏這麼快，都還沒來得及問到細節就被噴乾冰，一位師姐就說時間到了，後面還有一堆人要問事。

回到家後我越想越不甘心，晚上一直在思考這個人是誰，仔細翻了最近的通話紀錄，和朋友一起討論，要他們陪我一起查案，務必把那個人揪出來。經過幾天調閱腦海ＣＣＴＶ畫面的結果依舊一無所獲。不行，我必須要找老師問清楚。於是我又找了一個朋友陪我去找老師，一坐下來我單刀直入問：「老師，記得我嗎？」

「記得啊，這麼快來又要問什麼？」

「你記得你上次說我的正緣已經出現了嗎？」

「記得啊。」

「我想不到，可以再給我多點線索嗎？」

「好，這個人九月會出現，金融業，住北部。」

我的天，不可能這麼仔細吧?時間地點職業都有，只差身分證字號，這次絕對不可能會錯過了吧。於是我放心把時間交給陪同的朋友。接著老師徹頭徹尾又把我朋友分析了一遍。

「那我的感情呢？」我朋友問。「妳喔，妳要當小三命會比較好。」嗯？有這種事？老師繼續說：「妳應該找一個大妳十歲的，然後給他養，不然妳的命格來看，人生會很辛苦。」不是，如果有人願意養我，給我錢花，我的人生也會輕鬆很多吧？

時間飛逝，一下子我和朋友的時間又到了，被噴乾冰下台後，聽到衝擊的人生預告的我們坐在一邊。接下來上場的是一位中年婦女，她的先生出軌了，她來問老師有什麼解法。老師說：「這很簡單，妳也跟他一樣出軌就好了。」中年婦女聽到愣了一下，有點不可置信，「對啊，這樣他就會回心轉意了。」老師肯定地說。

在那之後我朋友的感情依舊是沒有太順，可能因為她沒有聽老師的話去當人家的小三，我想她也不會只圖活得輕鬆而專挑死會的人下手。

—— **很多時候我們明明都知道要做什麼，**

卻總是想要別人來告訴我們，
想要別人來幫我們拿拿主意。

我的另一個好友，是我的算命啟蒙學姊，記得我有次問她，「妳算了這麼多老師，對於妳的感情路有幫助嗎？」她說：「其實沒有，因為他們都要我找喜歡我的，或是我不喜歡的那種類型的。」當然，如果大家都跟喜歡自己、自己不一定喜歡的人在一起，那就不會有這麼多人單身了。也就是，去算命的人其實都足夠瞭解自己，也知道如果要什麼樣的目標，就應該做什麼事。就像我問老師：「我今年可以出書嗎？」老師說：「你現在寫就可以。」是啊，我怎麼沒想到呢？我上山花的這些時間已經可以寫完一篇文章了，為何非要老師說了我才動筆？

但我依舊會是唐老師的忠實粉絲，聽到好的就開心、不好的就當警惕，僅此而已。我們都是三十多歲的大人了，再怎樣不濟也該有點了解自己、有理性去分辨那些可以用最簡單道理解釋的東西了。

放過星座和那些滿天神仙，
相信自己、相信理性，接受你不肯接受的事實，
不管是你喜歡的人不喜歡你，
還是你無法成為那個只貪圖過得輕鬆的自己。

天氣預報告訴你今天會下雨，還是要帶把傘出門上班；命不好，你還是得把生活過好吧？

喔對了，老師說的那位九月會出現、金融業、住北部的人，大概是我媽介紹的保險專員吧，我買了一份醫療險，但我們真的不來電，謝謝。

命不好，
你還是得把生活過好吧？

加碼閒聊：

星座真的越來越普及，像電影《功夫》裡豬籠城寨居民各個都會武功一樣那種普及。前陣子和朋友聊天，聊到現在大家都能擲地有聲地用星座來佐證或支持各種生活上發生的事。像是：「我的男友對我忽冷忽熱的，不知道，水瓶座吧，不知道他在想什麼」或是「我的老闆和我很不合，他是雙子座」、「蛤～雙子老闆很不ＯＫ耶～」等等。

不只這樣，時常在聽朋友訴說感情煩惱的時候，開頭常常是：「你知道我最近認識一個人，他是摩羯座的……」嗯？我都還沒問，對方已經先報上星座，甚至比身高年齡職業和收入還先說，說明了現在已經進入了人人都應該懂星座的時代。

我也染上了這個習慣，遇到剛認識的朋友都會很習慣地問對方什麼星座，問完太陽問上升，然後再問到月亮。對方都會以為我好像很懂，但其實我根本不知道什麼意思，只是聊到了不問白不問。

儘管對星座一知半解，但我依舊深信只要掌握了每個星座的大方向，就等於掌握了交際的密碼。例如，只要你想加深你說法的可信度，只要加上一句「你知道的，我是XX座」聽的人就會覺得，喔喔對對你好像就是這樣天性使然，誰都沒辦法。

假如你遲到了，「不好意思，你也知道我是巨蟹座，比較愛家，出門耽擱了」或是「不好意思，我是雙子座，記了兩個時間所以搞混了」、「不好意思，我是牡羊座，我剛剛在發脾氣，一時沒注意時間」See，掌握大方向，就可以化解社交危機。

如果你想給朋友穿著建議時可以這樣說：「你穿的好醜。不好意思我是天秤座，對美比較敏感。但是也不要放在心上，因為你沒有昨天穿的醜」、「你買這衣服的錢為什麼不拿去投資股票呢？不好意思，我是金牛座，想法比較實際」、「你今天的穿得衣服讓我好想哭。不好意思，我是雙魚座，比較多愁善感一些。」

沒錯，只要在談話裡面加上一小段星座的自白，對方就會覺得「啊原來是這樣啊，那真是沒辦法了。」也不會去追究準確性，畢竟我們大多時候都在對著星座對號入座和自我解釋。希望這個小撇步能夠幫助大家解決一些社交和談話困境，掰餔。

如何成為不歪掉的大人？

春節過年時，因為放假時間我還有工作要忙，無法和媽媽到阿姨家走春，我托她幫我給小學五年級的外甥一個紅包。外甥拿到後打了一通電話給我，想要跟我拜年順便謝謝我給他的紅包。接起電話那瞬間，我一時之間不知道要和他聊什麼。

「喂舅舅，新年快樂！」

「誒，新年快樂啊」我答道。

「謝謝你的紅包，我拿到了！」外甥高興地說。

「喔喔，不客氣。」

然後我們就陷入一陣沉默。我心中突然一陣慌亂，太久沒和外甥講話不知道要和他說什麼，又不能立刻掛電話，那也太無情了吧？

「那……你最近好嗎？」想了半天我只想到這個問題。

「好啊，很好啊」

「成績好嗎？考第幾名？」我接著又問。

「呃……還好。」外甥感覺好像沒有很想回答這題，可以理解，因為之前常聽表姐說外甥的功課不好。

「那你交女朋友了嗎？」我又擠出一個問題。

「蛤～～～～？」外甥的聲音聽起來很驚訝。

我的老天爺！我真的不知道要跟一個小五的兒童聊什麼！我已經變成我最討厭的大人了，以前我還寫過文章吐槽這些過年總愛問讓人尷尬問題的長輩，現在我正式成為討人厭長輩一員！雖然想想自己這個問題也不算荒唐，畢竟我也曾經是一個小學生，我知道在那個時間有人還在流鼻涕，但有人已經情竇初開。

荒唐的是我怎麼會問這些探聽個人隱私的問題呢？一個過年的電話竟讓我慌亂至此。草草結束對話，掛上電話之後，我在心裡深深對過去抱怨的那些長輩們感到抱歉，我真的不怪他們過年見到我的時候問我「年終多少、在哪上班、結婚了沒」這類的問題，因為畢竟平時根本沒見到面，根本不知道什麼問題能問到點上啊。

當你沒經歷過某些事情或身分的時候，真的很難設身處地理解對方，就像我曾經以為有這麼多問題可以問，為什麼長輩淨挑一些我不想提的事情來問呢？但現在我知道錯了，現在我倒希望外甥可以體諒這個木訥的舅舅問了這麼多不得體的問題。想想外甥掛上電話之後如果轉頭跟表姐說：「舅舅問我交女朋友了沒？」表姐臉應該會歪掉？

「長大不要變成自己討厭的大人」這句話說得很容易，但長大的那一刻就會知道要做到其實不容易，我們都希望自己可以成為一個正正當當、正直、活得滋潤自在、對社會有貢獻的的好人。但就在體會到世界不是那麼溫柔的那一刻，我們很自然地就變成歪掉的大人。

上班遲到的那一刻，我們騙主管公車在路上爆胎了；報帳帳目不對時，我們動動手腳矇混過關；看到身邊朋友升官發、生活得意時我們在心中默默嫉妒。回想起小時候對長大的期望，只能說是天真可愛。那時的我們不知道，原來大人的世界不是那麼美好，而是讓人疲累，這樣的狀態下要當一個好人太難了。電影《寄生上流》有句台詞：「不是有錢人善良，是因為有錢所以善良。」我一直覺得這句話說得很好，當一個人的生活順利、安穩、不匱乏，自然慷慨、大方、有餘

原來大人的世界不是那麼美好，
而是讓人疲累

裕去體貼他人，也讓自己得體又體面。

當然，這個世界不溫柔大家都知道，不能當作我們變成討厭大人的藉口，

當你意識到自己出現討人厭的特徵時，
應該要想的是如何回應小時候心中那份美好的期待。

現已身為長輩的我，我想年末時應該要準備一份訪問題綱，就像我當採訪編輯時一樣，了解現在小學生關心的話題，儲備好談資，在過年時以cool uncle的姿態，驚艷親友圈。

整理術女王躺平了

年初時我看到一則十分振奮人心的新聞。近藤麻理惠這個名字對許多人來說應該不陌生。她是日本有「收納女王」之稱的整理術專家，她主張的「怦然心動整理術」風靡一時，那時因為看了她的節目，很多朋友包括我自己都迷上這套方法，尤其是在疫情期間，在家的時間變多了，動不動就審視家裡所有的物品，挖出塵封已久的收藏，捫心自問：「這個東西還能讓我怦然心動嗎？」雖然實踐下來，這套方法沒有幫我丟掉太多東西，因為很明顯我對家中很多「垃圾」還是會心動，以及這套方法太花時間了，大掃除時果然還是需要殺伐決斷才行。

總之，這位收納女王後來接受採訪，生了第三胎之後的她，家裡變得超亂，她再也無法像以前那樣把家裡收納得有條有理，並且她也已經放棄整理了。就像我身邊所有有小孩的朋友說的，「小孩是吃掉時間的怪獸」。我也看過很多婚前把自己和生活打理得很好的人，有了小孩之後根本全部亂了套，對一個普通家庭來說，什麼打造完美居家空間，根本是癡人說夢。

因此，近藤麻理惠對於整理家務「躺平」的消息一出來，對許多正在育兒的朋友們無疑是打了一劑強心針。其實看到這篇新聞，儘管我沒有孩子，依然覺得振奮人心。

這正是我近日的感想，也就是每一個大人都要擁有允許生活失控的能力啊！當你讀了這麼多的心靈雞湯，看了這麼多勵志影片，裡頭的那個人告訴你，活著就是要自律、要不斷掌控生活，但生活和孩子一樣也是一頭不受控的猛獸，哪能時時刻刻都被你抓得死死穩穩的呢？

當你在求學階段時，你必須自律、必須努力，這樣你才能在競爭中脫穎而出；求偶階段時，你也必須時刻警惕，鍛鍊身材、維持外貌，還要充實自己，最痛苦的是還要認真工作，才能維持在婚戀市場的競爭力。但在瞬息萬變的生活裡，優先順序是會不斷改變的，而一個人擁有的如此有限，你只能把擁有的投入在最重要的那個籃子裡。

我維持運動的習慣已經有三年左右了，雖然沒有練出希臘神祇的身材，但也算是有點精實，所以我一直很害怕只要自己疏於鍛鍊，過去的努力就會付諸流水，變回以前那個紙片人。雖然我媽一直主張紙片人的我比較帥，她甚至認為那時的我很像王力宏（？？？？）所以我一週固定上健身房三天，只要跳過一天罪惡感和焦慮就會噗嘰噗嘰地冒出來。

但不幸地，有段時間我確診新冠，雖然沒有重病下不了床，但也是發燒了幾天，食不下嚥、全身無力，在家隔離了十幾天，那段時間其實讓我最擔心的事情之一就是身材走樣。果然，世界上沒有白操的心，因為生病沒好好吃飯，更不用說運動了，我在那十幾天就瘦了好幾公斤，直逼我那時紙片人的體重，更過分的是肚子還沒變小，新冠病毒實在是太殘忍了。

但解除居家隔離之後不久我就看到這篇新聞了，跟很多人父人母一樣，我同樣感受到啟發和振奮，如果一個以整理成名的教母級人物都可以躺平，我憑什麼要因為生病身材走樣而自我感覺不良好呢？

生活有時候像很多條軌道，
無法時時都走在你希望的「正軌」上，
必要時必須走上另一條岔路來完整你的人生風景。

當這本書出版時，我應該已經把身材練回來了；過幾年，近藤麻理惠應該也

會重新開始整理家裡吧！看吧，只要你有心總是可以走回你要的「正軌」，或許應該說，

本來就沒有所謂的正軌，
你正在走的路都是你該走的路。

02

我對生活過敏，有藥醫嗎？

過敏原：早起

自從我搬到新家之後，大大地改變了我的通勤風景以及時間。搬家前我的住處離公司只有六百公尺，每天只要在上班時間前半小時起床，我就可以悠閒地起床洗漱、換衣服、出門然後散步到公司。不只如此，有時候我覺得累就吃飽回家睡個午覺，或是想起衣服忘了曬就回家曬個衣服。天氣不好同事抱怨回家很麻煩，想要叫計程車又很貴，但我可以毫不猶豫地跳上計程車，回家車錢只要七十幾塊，那時的我慶幸自己真是住進了一個好地方。

這樣美麗的光景持續了幾年，然後我買房了，買在一個相對遠非常多的地方，我的通勤時間從散步十分鐘變成搭車一小時，美好的世界就此崩塌了。於是我開始天天要提早起床，如果我想要悠閒地出門，至少必須提早一個半甚至兩小時起床，我開始天天賴床、常常遲到。

我試過很多方法，首先我在手機設了至少五個鬧鐘，每個間隔五分鐘，把鬧鐘放在遠一點的地方，但最後我把它拿到身邊，然後每響一次我就關掉一次，最後還是搞到不能再睡為止，然後常常搭計程車去上班，這個方法宣告失敗。其他還有什麼不要讓窗簾完全遮蔽陽光，讓自己曬到太陽、不要讓室內溫度太低或是床邊放一杯水，醒來之後一杯水下肚可以喚醒沉睡的身體，但實情是喝完一杯水之後照樣倒頭就睡。我心裡想著「早起真是太痛苦了！不想要早起！為什麼我要買在這麼遠的地方！（因為你買不起市中心啊！大笨蛋！）」

直到某一天我看到了一支 Ted 演講的影片，題目是「優秀的人都是怎樣訓練大腦的？」講者是知名的催眠治療專家 Marisa Peer。他說，大部分的人都不知道怎麼和自己的大腦合作。合作？這個詞真有趣，聽起來像是我們的大腦裡面有一個小精靈，和我們一起操控一個機器、一具皮囊。他的理論是，大腦無時無刻都在聽我們說什麼，也在意我們想要什麼，本能地幫我們遠離我們不想要做的事情。

例如，如果你一直說我討厭早起、我不要早起，大腦接收到這個訊息之後就會讓你賴床、讓你起不來，因為大腦就是一個慈母，自古「慈母多敗兒」，接收到這個訊息之後他就會讓你成為一個起不了床的敗兒。如果你不停想著不想去參加某個考試，或是討厭上台演講，那麼你的身體很可能就會在考試當天拉肚子、在上台前咬到舌頭；如果你想著我這個週末就是要爛在床上什麼都不做，我要當個廢人！那「貼心」的大腦就會幫你，賞你一個重感冒，稱了你想要廢在床上的心。這就是沒有和大腦好好合作的後果，大腦太聽話了，他就像一個不懂人情世故，一心只想讓你快樂的傻子，他不知道你想逃避的那些事情是你必須要去做的，而且最好還要可以做得好，如此你才能得到更大的快樂，像是成就感、滿足感等等。

那到底要怎麼和大腦合作？簡單來說你的大腦需要被調教或是欺騙。就拿起

床這件事來說，你不能一直告訴你的大腦你很討厭或不想完成這件事，相反地，你要告訴他我想要做這件事，把「起床」和快樂的事物連結。你可以在前一天晚上就想好早餐要吃什麼，最好是你很想吃的東西，這樣一來你就會帶著盼望，無痛起床。

我真的試著這樣做了，前一天晚上我一直想著明天起床我要吃我喜歡的香腸堡加塑化劑奶茶，結果我真的很快地就起床，上班沒有遲到。這讓我想起電影《穿著Prada的惡魔》裡的Emily 重感冒還強打精神工作，嘴裡碎念著「I love my job,I love my job, I love my job」的畫面。也就是說，自我催眠不是一種心理安慰，是真的有些效果的。

自此之後，我也開始在其他的地方實踐這個方法，譬如我很討厭重訓練腿的動作，每一次練的時候我都有很強烈的排斥感，因為練腿除了要耗盡全身力氣，而且過程感覺很漫長，每次教練要我扛著幾十公斤深蹲站起來時我都很恨他，我發現越是這樣我蹲得越辛苦，而且遲遲無法有突破。但有次我轉換了想法，我想著練腿可以讓身材進步更快，扛起比自己體重還重的重量是多有成就感的事情啊！慢慢地我扛的重量越來越重，最後已經可以蹲到破百的重量。我很驚訝光是從「討厭」到「不討厭」，竟然就可以讓我在短時間有這樣的進步。

我有點改變了，以前我覺得「自我暗示」、「吸引力法則」是種玄學；也覺得寫一些正能量的雞湯文章沒什麼意義，不過是給人短暫不切實際的希望。但現在我覺得——

一個相信自己或是對生活有盼望的人，
絕對可以把自己的人生過得比悲觀的人好。

在寫這本書時我收到一封讀者來信，他告訴我，我的書幫助他在追求異性受到挫折時定下心來，他決定好好提升自己。這讓我非常感動，也相信「想法」、「心境」真的能改變一個人。

當然，我還是認為每個身為普通人的我們，不可能因為催眠自己而變成各種成功人士，但絕對可以在小地方讓自己變得更滿意，

就算是在一些雞毛蒜皮的日常生活中取得奈米突破，都能獲得巨大的成就感。

不管是在第一響的鬧鐘時帥氣地翻身下床，抬頭挺胸地交出考卷即便錯誤連篇，還是在健身房裡比昨天多舉了二．五公斤，你都比昨天更好，這時候，你也成功地把大腦從溺愛你的慈母調教成比Siri更得力的小助手了。

今天起，你也試著告訴大腦你的目標是什麼吧！改變的過程一定辛苦，但也試著享受看看吧。

過敏原：上班

自從有了「郝慧川」這個身分之後，很多人都以為我是個全職作家或自媒體人，靠著在網路上寫字維生，生活應該是與一般上班族不一樣，可能自由許多。但實情是，在網路上寫字只是我的副業，如果要靠單純寫字的微薄薪水，可能會生活得很辛苦，更別說現在的我還要繳房貸。所以其實我的正職也和大多數人一樣是一個打工人，一個朝九晚五的上班族。

和百分之九十的人一樣，每天早上鬧鐘響的那刻，我也會想要奮力掙脫棉被的糾纏，但就怪自己把床鋪得太舒服，以至於每天早晨從床上走到浴室的兩步距離都像千軍萬馬的史詩鉅片那樣悲壯。其實，週間的早起並不是時間太早無法起身，睡不夠也只是一個心理狀態。不然，為什麼週末或出國旅遊時，行程再早我們的臉上都掛著微笑，可提到上班就直接面癱？早起從來都不是問題癥結點，重點其實是不想上班。

今年我和一個搭檔一起開了Podcast節目，以一種說反話的心態把節目取名叫「我愛上班」，每次節目開場完都會在心裡暗笑：「誰愛上班！」直到有一集我們聊到彼此對於上班看法時，搭檔問我喜不喜歡上班，當時我沒有多想就回答：「喜歡啊，這麼熱的天氣，只有公司能讓我帶薪吹冷氣。」說完我們笑了一陣，但是後來我回想，「上班」的確為我們的生活提供了很多好處啊。

先說說上班煩人的地方好了。首先就是通勤，尤其現在我住得遠更能體會尖峰時刻種種令人不耐的情況。像是我明明已經用最短的時間整裝出發了，卻終究還是慢了幾秒，看著捷運車門在我面前關閉，裡面的人抱著車廂立柱，臉上安心神情和我形成強烈對比；而當你加快腳步的時候，前方總有低頭追劇的其他上班

02 我對生活過敏，有藥醫嗎？

族，試圖製造公共危險順便連累我上班遲到。

到了公司，看到那個整日扯你後腿的同事迎面而來，已經社會化的我還是必須向他點頭說聲「hi」；和他困在同個電梯時，為了讓空氣舒服一些，可能還要誇一下他今天看起來氣色不錯或鞋子好看；坐下來打開信箱，哎呀，昨天的事情沒處理完今天又有新的工作進來，裡面的信件根本就像會無性生殖一樣消滅不完；然後忙了一天根本懶得想今天要吃什麼，就在回家的路上隨便且方便地解決一餐。腦中響起中醫師要我三餐定時、健身教練要我多吃、蛋白質要夠……我不禁想，過著健康生活型態的人是不是有錢有閒、不用上班啊？

回想起剛上班的第一天，拿到我的員工證，領到我的名片，那時的心情其實很好。覺得自己長大了，有了這個新的身分之後，我的生活會變得更好、更充實，用自己賺來的錢可以建造更美好的生活。但幾年過去，只覺得很累、錢也沒賺夠、工作狀態好像也只比初入職場時好一點點。好在那時我開始在社群寫文章，寫著寫著還真的寫出一點知名度，出書、接業配，所以我就開始想：「還是我乾脆辭掉工作，不當社畜了？」

先前有人問我：你都出了兩本書，如果你每年都出一本，光是版稅就能養活你了吧？嗯是嗎？第一，一年要出一本書有多難，身為一個才華有限的熟齡青年，我一年真的無法生出一本書；再來，出書要能當飯吃也絕對非常困難，因為一本書作者能夠抽的版稅也就二三十塊，你問問自己一年買了幾本書？我要把書賣給五六個人才能買的起一杯星巴克咖啡；那業配呢？現在的自媒體工作者這麼多，而有預算的品牌其實沒那麼多，像我這樣的自媒體工作者呢，一篇合作案也就幾萬，扣掉拍照製作成本和經紀團隊的分潤，到手已經去了一部分，加上案源也不穩，不是每個月都有好幾個品牌上門，有時候一個月都沒有生意，然後酬勞也不是馬上進帳，往往都要等上好幾週，如果我真的辭掉工作，那些桌上的帳單我可能只能全部吃掉然後假裝沒這件事。

反觀去上班其實相對划算，在一間體制正常的公司上班的九小時（含午餐時間），每一分每一秒都是算錢的。不管是處理工作、抽空逛網拍、訂下午茶、去公司外面抽菸、在廁所拉屎，每一個時刻都在賺錢；此外，公司還要幫你保險、報稅、三節還要給你獎金、年終也要獎金，為了鼓舞士氣，老闆還要不定時請員工聚餐甚至舉辦出國旅遊。有時想想，當老闆的人真不容易。

自己創業當老闆當然也是一條很棒的路，卻不是適合每一個人的，你能忍受那種身上背了很多家庭的壓力嗎？聽創業的朋友說，他們有時晚上都會做噩夢驚醒。或是一個人當多人用，什麼事情都要會、都要學，你當上班族有下班時間，而當了老闆就沒有下班時間，也不能說放假就放假，要能真正有老闆的從容，可能都是好幾年的努力且幸運地走入正軌後才能有的。

在一集節目中我訪問過一個原本在外商做到管理階層後創業的女性，他告訴我：

這個世界的東西本來就是都有價格的，
你要高薪的工作，可能要先接受這工作本身可能非常無聊；
你想要精彩的人生，那你就要接受它會帶來的風險。
除非你極其幸運、聰明才有可能享受全部好處。

另一位受訪者也告訴我，不要輕易就抱著要創業幹大事的想法，先慢慢地接觸、學習自己可能有興趣的事情，如果真的有機會成為職涯的第二春再考慮也不遲。

做了這節目一段時間，和這麼多位受訪者聊過天後，我的確變得有些愛上班了，某種意義來說，它讓我的時間變得充實，這些時間還變成錢，我又能把錢變成我喜歡的樣子，對於我這樣的普通人來說，這是一個非常美好的循環啊！

過敏原：不合理的甲方

某日，我坐在好友的車上，隨口問了他一句：「最近過得怎樣？」平時溫和的他像是被點燃了引信一樣，突然就爆炸了。他在公司裡已經做到總監的職務，帶領的部門要承接許多業務案，他所代表的部門就是所謂的乙方，每天都要和不同的甲方交手。

相信在社會走跳的許多打工人們應該都很熟悉甲方是什麼樣子，予取予求、三心二意、不知感恩、不尊重專業、把你視為理所當然，或是把不合理的期望投諸你身上，可能有意可能無心，但因為兩方一個站在服務與被服務的角色上，難以避免地終究是一方承受了大部分的傷害，那一方就是乙方，也就是現在正在閱讀這篇的你。

聽了一陣之後，我發現這樣甲方乙方的關係還真像我們與生活之間的關係。不然就不會有「被生活壓得喘不過氣」、「被生活追著跑」、「被生活磨去稜角」、「被生活擊倒」、「生活虐我千百遍，我卻待生活如初戀」這種比喻，不信你把「生活」兩個字換成「甲方」是不是都很合理？

甲方讓人懊惱、失望、氣餒的行為事蹟太多了，甲方可能一直告訴你我們下次約吃飯，但這頓飯永遠都沒發生；甲方和你分手後，當你某天心血來潮想看看甲方是不是過得沒你好時，卻發現他和另一個乙方過著幸福快樂的日子，自己原來只是他幸福人生路上的一顆絆腳石；當你以為信用卡被盜刷，確認之後發現是自己買的情趣用品（？）連你的帳單都是你的甲方，一點面子都不留給你。那些壓著你、磨練你、打垮你、虐你的人事物，其實就代表生活，生活就是你的甲方。

這樣看來，其實當生活是你的甲方時，你必須是被虐的，這是無法逃脫的迴圈。唯一能夠改變的是你如何面對生活給你的虐。也就是你必須擁有能夠在這個世界上打滾的心態和方法。我看過太多對別人人生下指導棋的雞湯文章和影片了，也很佩服那些能夠臉不紅氣不喘地告訴別人如何只用「一種」積極方法過日子的人。例如，可能有人會告訴你「懶惰」是一個很糟的事情，午休時間你不能午睡，要拿來背單字、看學習影片、就算是零碎時間也要做有產值的事情。

但是，「懶」這件事其實是很有正面積極意義且健康的。因為懶本來就是人類的天性，甚至有科學家做過研究，大腦本身就喜歡休息不動，這樣可以把能量省下來，應付突發事件，增加活下去的機會。

「懶」是人類演化後的結果，不是你的性格缺陷。如果可以懶惰，誰想要勤勞？就像老祖宗發明汽車、電器、甚至連印刷術的出現，有部分原因都是懶吧？

今日畢竟已經不是原始社會，這個世界不斷的進步，逼著每個人都要勇敢勤勞才有一口飯吃、才能過上好的生活。所以自然不能把你的原始本性帶到職場，要知道，這世界能夠和平有秩序，也是因為我們想出方法克制了我們的許多天性。不過，橡皮筋勒得過緊了也得放鬆，給自己留一些彈性，適度偷懶並不代表你就是薪水小偷，你只是用短暫的時間為自己充電，提升自己的生產力，為公司帶來更大的利益。

有效率的偷懶是需要安排的，我覺得最有效且合理的方式就是刻意在你一天中，看似必要的行程中置入偷懶喘口氣的時間。我很喜歡部落客「Bonjour 我的巴黎情人」寫過的一篇《翹班的精準度》，裡頭她說，每天進辦公室她都會在辦公桌上放一包菸，儘管沒有抽菸的習慣，但那製造了她有抽菸習慣的假象。只要她覺得想要逃離辦公室時，她就說「我出去抽根菸」，其實只是外出發呆，根本沒抽菸。依照我的觀察，抽菸的人一天外出抽個三到五次是很正常的頻率，一次至少十分鐘來算的話，你一天就在上班時間放空了半小時到五十分鐘，實在很划算。

我自己最喜歡的是去廁所放空，人每天都要上廁所，根據一般的衛教常識，成人白天排尿次數為四至六次之間，排便兩次也是正常的頻率，旁人不得置喙。所以你一天至少可以進隔間廁所兩次且待十分鐘以上，你可以在裡面發呆、睡覺、吃東西（？）我就曾經在馬桶上打過瞌睡，因為第一份工作常常七點就要上班，實在太累，所以我會在上班一到兩小時後到廁所補眠十分鐘。不要小看短短十分鐘，那讓我接下來的一天更有精神。如果有時候次數多了，只要釋放「今天肚子很不舒服」的訊息就可以了。又或是你可以假裝接起一通不存在的電話，然後走到一個沒人的地方，放空喘口氣或暫時遠離討厭的人事物。

當然，我現在的職場相當人性化，不需要各式各樣的理由當藉口也可以離開座位，但我知道有許多職場是比較嚴格或傳統的，深信一個稱職的職員應該在座位上坐到下班，如果是這樣，那麼很推薦你試試以上的方法給自己放幾分鐘的假。

我深信每個職場都應該要能容忍員工適度偷懶，要員工認真工作八小時是不切實際且有害健康的，就像我在其他篇章提到的帶薪抽菸、拉屎是員工的權益，老闆想花錢買你八小時全力工作是不合理的。但我也能理解有些工作的場合必須維持這樣的假象，但不必因為這樣就覺得自己好壞、應該被 fire，因為你的偷懶是在為了創造更高效率前提下發生的行為。所以，下次乏了，就起身朝吸菸區、廁所或樓梯間走去吧，堂堂正正地。

每分、每秒、每一天，總會有人要你按照他們的方式去生活，要你看齊、學習他們的方式來理解生活和這個世界，但甲方何其多？你只是一個乙方，沒有辦法讓所有人滿意，也沒人能保證你當個聽話的乙方，生活就會變好或更快樂。

在職場你可能必須當個憋屈的乙方，
但生活是你說了算，用你的方法試試，
你也許有可能成為生活的甲方。

過敏原：不甘心

二〇二〇年可以說是我開始投資的元年，也許是因為開始背房貸，也許是因為開始了解人不能一直只依賴上班的薪水和低的要命的銀行定存利率，那樣錢成長的速度太慢了。

在朋友的介紹下我開始定期定額買ＥＴＦ，如果你不知道那是什麼，那是一種投資工具，指數股票型基金，是指買賣交易方式和股票一樣的指數型基金，不知道那是什麼可以去研究一下，因為不是本篇的重點所以我就不多說了。我選擇了一個很穩健的標的當作我的起步，經過一段時間有紀律地定期定額投入之後，我真的得到很好的獲利，比呆呆地放在銀行裡好太多了。

於是，我對投資股票這件事興趣更濃厚了，想著要把更多的錢放進股市裡，只要碰到稍微對股票有點研究的朋友就會想和他們一起討論，最終是希望從他們口裡聽到什麼穩賺不賠的「明牌」。皇天不負苦心人，還真的讓我問到了。

有天朋友告訴我，根據「可靠消息」有一個公司即將接到一筆很大的訂單，行情看漲，不出幾個月股價就會有爆炸性成長。我一聽馬上就準備好一筆錢分次買進這支股票，而且這支股票也真的緩步成長，我深信朋友口中的暴漲就要來了，我滿心期待，坐等發財。

從投入股市以來，我一直覺得我的財運好像挺不錯，加上遇到一些貴人以及自己也做了一些功課，所以對於自己可以用這樣的投資方式感到自豪，甚至覺得自己和股票相見恨晚。

但就在二〇二二年，台股接連跌破大關，好長一段時間股市一片慘綠。我的那支股票大跌了十幾塊，加上我投入的金額不算少，賠的金額相當可觀。我才知道，我踏入股市的那年正逢疫情，台灣的投資環境反而逆勢成長，大批投資人湧進，那時候可以說是閉著眼睛買什麼都會賺錢。情勢急轉殺得我措手不及，加上我聽信了那個不知道哪裡來的「可靠消息」，我從股市小天才變成小韭菜，剛開始投入賺的錢不只歸零還變成負的，負多少就不說了，反正很多！

很多朋友建議我那支股票回不來了，與其放在那邊盼著它重返光榮不如認賠出場吧。但我不甘心，我在它身上投入了這麼多，怎麼可以就這樣放棄？那我之前投進去的時間和錢不就都沒了、不就等於承認我是個失敗者嗎？以前聽人說玩股票不能放太多感情看來是真的，我真的覺得我對它有感情了，像自己養的寵物，怎麼可能說放掉就放掉？

但就在某次我看到某一本書談到了一個經濟學的專有名詞叫「沉沒成本」。簡單說是指已經發生、無法透過任何方式收回的成本。就像我這次在股市跌得狗吃屎一樣。當然，股市詭譎多變，難保它不會一夕之間翻紅，不過機會很小，要等他慢慢牛步漲回原本的價格也要很長時間，這段時間我不如認賠殺出，拿著僅存的錢和自尊去做其他投資會是更理想的作法。於是我決定停損，把剩下的錢重新投回較為穩健的ＥＴＦ，漸漸地我的錢又慢慢地成長了，雖然還沒獲利但已經慢慢朝我當初投入的金額邁進，算是一點點回血了。

在這次的經驗中我有個小小的感悟，原來投資和人的關係挺像的，特別像我們在面對許多「有毒關係」時的反應。人們在面對沉沒成本時往往是不理性的，也就是不甘心自己的付出血本無歸，所以寧願繼續在裡面耗著，逼自己相信總有一天可以拿回自己已經失去的。

就像我和川媽是兩個不同個性的人。我記得她有一次去市場買了一個難吃的菜包，真的很難吃，我一口都吃不下去，但她還是咬著牙在吃。我問她幹嘛不丟掉，她說：「錢都花了，不吃完很浪費的。」於是她繼續吃。到了晚餐時間，她還

原來投資和人的關係挺像的，
特別像我們在面對許多「有毒關係」時的反應

在吃那顆包子，對，還沒吃完！我心想：「如果是我絕對會把這顆包子丟掉！」

對的，平時我對用的物品、吃的食物態度是很決絕的。我買過難喝的手搖，我眉頭不皺一下立刻倒掉；我網購過品質超爛的衣架，廣告說那支衣架可以掛五條褲子，但褲子掛不住一直滑掉就算了，掛滿五條還會自己分解，我二話不說整包丟掉；還有那種價格不便宜但是每穿必咬腳的名牌鞋子，甚至還磨破我已經貼在腳跟上的ＯＫ繃，我也是立刻把它從我的人生裡清除掉。想想，我買的那支股票也是這樣，為什麼我就沒想到這不是一樣的東西嗎？甚至在面對某些感情的時候不也是這樣嗎？明知道他帶給你的情緒和影響都是負面的，但就是捨不得立刻停損。

不甘心是一種很可怕的情緒，它讓我失去理智，
還讓我自願說服自己繼續付出。
想想這樣的心態其實很膽小，

原來投資和人的關係挺像的，

特別像我們在面對許多「有毒關係」時的反應

因為害怕承認自己失敗了，
害怕承認自己做了錯誤的選擇，
想要拿回已經投入的時間、物質、青春，
但這些都是已經沉沒的投入，是無法挽回的。

但你的投入不會沒有意義，你得到的是經驗和智慧，是面對往後更大的勇氣，你付出的是學費、是智商稅，是幫助你往後選擇投資方式、避開難喝手搖、挑選到好衣架、好對象、合腳鞋的助力，而那時聰明的你會發現過去有的那種不甘心，也太不值錢了吧？

過敏原：理解困難

事情是這樣的，二〇二二年我買的房子交屋了，想起那時候真是忙得昏天黑地。畢竟是自己的第一間房子，想要在有限的預算裡讓房子達到最接近心目中「家」的樣子，花了很多時間和設計師討論，傢俱也一樣一樣地親自挑選。因為疫情的關係，當時大部分的時間都在家裡上班，我才有辦法分身處理接踵而來的又雜又瑣的事。

那時家裡有個鋁門窗工程要做，而要找到收費合理、品質又值得信賴的師傅不容易，在鄰居的介紹下，我認識了專門做門窗工程的「舅公」，因為他是我鄰居的舅公，所以認識他的時候我也跟著鄰居叫他舅公，心想這樣叫著叫著，他可能會產生我也是親戚的錯覺，進而給我一個親友價。事實證明並沒有，他報給我的價格跟社區裡所有其他人一模一樣，白忙一場。

總之那段時間舅公包下了很多住戶的工程，常常出入我的社區。在家工作的時間，我常常訂外送也很多包裹要收，所以常常進出管理室，也時常遇見舅公。見到他時我都會和他打招呼，可能叫久了我真的把他當成自己的舅公（？）還會對他噓寒問暖、聊聊生活近況等等。有一次他問我：「怎麼常常看到你在家裡，不用上班嗎？」

「沒有啦，因為疫情的關係我們現在都居家上班。」我回答。

「蛤？」

「喔……就是在家裡上班啦！」

「在家裡也可以上班喔？」

「對啊，現在工作都可以在網路上做，很方便，不一定要去公司。」

「這樣喔，在家上班，應該很輕鬆吼？」

「嗯，其實也沒有捏，只是不用通勤但事情也很多，也有蠻多不方便的地方。」

「是喔，啊在家上班不是就跟放假一樣？」

「哪有！舅公！不一樣啦！」

礙於還要趕回電腦前面，我就沒和舅公多聊了。

過了幾天，舅公到我家安裝鋁門窗。施工完成後舅公又來和我閒聊：

「啊你今天又放假喔？」

「沒有啦舅公，我在家上班啊。」

「在家上班喔？阿在家也有錢可以領喔？」

「嗯……對啊舅公，因為在家還是要工作啊，還是要完成公司交給我的工作啊。」

「這樣也可以喔？啊在家是不是很輕鬆？」

「沒有啦，在家有時候更忙捏，只是不用通勤但事情也很多……（嗯？這段對話不是已經發生過了嗎？）」

幾次之後，我發現舅公始終無法理解「在家上班」這件事情，而每次被他問起時我就想要解釋，怕他覺得我是個無所事事的人，不過就算他真的以為我沒工作閒在家裡又怎樣呢？而且我到底為什麼要一直解釋呢？不斷向他解釋的過程裡，我發現我越解釋越像我在心虛什麼，我也搞不清楚這是一個什麼樣的心態，為什麼明明不是那樣，卻在解釋的過程裡困窘又笨拙呢。最後我決定不再解釋了。

某一日，我又在社區裡碰到舅公，那天一如往常地我在家上班。「嘿～郝先生，今天又放假啊？」舅公像是剛認識時那樣問我。

「對啊！我今天放假。」我爽朗地答道。

「喔，真好，你好像假很多耶！」

「沒有啦，常常加班沒有加班費，就用放假補啦！」

「喔喔，現在你們年輕人工作都很辛苦。」

「你也很辛苦啊！上次那個門窗做得很好，我很滿意喔。那我有事先回家了。」

「好，謝謝！以後有需要再找我！」

「好的，一定！」

就這樣我們結束對話，節奏清楚乾淨，沒有一點窒礙。原來我不糾結讓舅公明白之後，談話竟可以如此輕鬆。

我想人與人的溝通大多時候都是希望被理解的，可是更多時候「理解」卻是最困難的地方。不能理解的原因可能有很多，可能是因為彼此生活背景和經歷不同、先天DNA不同讓人無法對某件事產生共情。

有次我和一個已婚的朋友聊天，她和先生有兩個小孩，同時又是職業婦女的她，想當然生活自然是相當辛苦，然而她在心累的時候往往只是需要老公的一個擁抱，但她說老公最直接的反應常常是把她推開。我聽了很驚訝，覺得這樣的行為太過分了。但朋友說這是因為她先生有情緒障礙，無法像一般人那樣有流暢的情感交流，很多時候他也無法理解我朋友的各種負面情緒，她只能自己消化或求助心理諮商。

我們一直掛在嘴上的「理解」，原來不是對每個人來說都是這麼理所當然的，那些我們歸類到心理層面的東西，並不是什麼「轉念」或「試試看」就可以改變的事情。

「理解」其實是有難度且需要運氣的，他需要有相同的認知、對你足夠的在乎和剛剛好具有這樣的能力。

所以，對於不理解你的人似乎不需要太多解釋了，因為他們之間可能存在著很難彌補的認知差異，可能他根本不喜歡你，這些都讓解釋變得徒勞。

懂你也願意懂你的人，
不需要你鉅細彌遺、比手畫腳；
不懂也不願意懂的，
就算你為他開了一場記者會，他也不會相信，
因為一廂情願的事情從一開始就沒有意義。

就像舅公眼裡的我，始終是一個在家放假、不用工作的先生。

生活裡還是有需要我們把話說清楚的時候，但沒有辦法讓每個人理解我們，說句老派的話，交給時間，它總有辦法證明或讓人遺忘。

過敏原：那些想不通的事

某天，我出門前想著戴一條項鍊搭配那天的服裝，那天我穿著黑色落肩短袖上衣，搭配 ISSEY MIYAKE 的黑色長褲，白亮亮的小白鞋，身上就差一條銀色項鍊收尾。那條項鍊是我在義大利旅遊時買的，和其他的項鍊不同，長度五十二公分，戴上去剛好落在我的鎖骨中間以下五公分左右，是我最喜歡的長度，款式是蛇鏈，剛剛好適合男生的簡約優雅。你應該也有過那種「我今天就是想要穿這個出門！」的心情吧，我那天就是。

但我遍尋家裡每個角落都找不到，從我的飾品抽屜、每一個我可能會隨手亂放的桌面、架子到每一個包包皮夾和媽媽的脖子上（？）都看過了，就是沒有。

最後項鍊沒找到，跟朋友的聚會也遲到了。

有時候我發現生活中還真多這樣讓人想不通的事情。寫這篇文章不久前，我和一個交友軟體上認識的對象相談甚歡，年紀相近、背景相似，整體感覺挺不錯的。接著我們見面吃了幾次飯，確認過彼此都是真人，也沒有那種什麼飄洋過海來台灣照顧生病的叔叔，努力賺錢之餘還懂投資致富等奇怪的人生故事，總之就是確認不是交友詐騙。

但就在沒多久之後，他開始漸漸消失。為什麼叫漸漸消失，因為他不是突然從你的生活間不見，而是慢慢地減少聊天的次數，縮短聊天的時間，但每一次的聊天都讓你感受到他是認真在和你講話，並沒有敷衍和怠慢。所以當他說忙的時候，我都很信任他，還覺得他辛苦了，自己真是一個多慮又心胸狹窄的人，整天想著對方想要搞失蹤。但最後，他還真的就是失蹤了，就像那條項鍊一樣。

當我還是一個年輕的巨蟹座的時候我會如何，我會滿頭問號，然後不斷對天上的星星發出各式各樣的疑問：他為什麼不回我訊息了？是我做錯了什麼嗎？是不喜歡了嗎？還是我聊天的時候忘了放一個可愛的貼圖讓他覺得我冷漠？是水逆讓他的手機壞了嗎？還是他突然被調派到新幾內亞但事發突然他來不及告訴我？然後去看他的社群動態，看他的座標依然和你相同，活得很好，這時你才了解原來他什麼事都沒有，只是不想和你發生交集。到後來你會想通一件事，就是你不可能想通一個人的心思，特別是他已經決定對你做出某些決定後，你去問來的大多也只是他整理給你的說法，就像朋友皮笑肉不笑地對你說他沒有在臉上動手腳，你也知道那不是全部的故事，你也只能接受。現在，我已經是一個長大的巨蟹，遇到這種情況，我也不會封鎖他，只會關掉他的動態和任何通知，既然他想當陌生人，那麼我們就是陌生人。

又或是我以前有個同事，他在辦公室咳嗽，用聽的就知道是那種可以咳出腹肌的咳法。有同事勸他戴上口罩，但他辯解「是因為感冒才咳嗽，不是因為新冠

你看得十分吃驚，
他們卻做得淡定

肺炎。」我聽了就傻了，難道感冒不會傳染嗎？還是感冒病毒長得比較美麗？同在職場你可能會期待，在同一家公司工作，也許大家的能力或對於各種嘗試的認知都是差不多的，但不意外地，就是會有很多讓你想也想不透的人，做出讓你想也想不通的事情，你看得十分吃驚，他們卻做得淡定。

生活中讓人想不通的事情太多了，像是你以為和平、平等、人權這些都應該已經是普世價值，但世界上還是有許多人以他們自己獨裁的眼光在看世界和對待人；你以為婚姻應該會比戀愛堅固耐用，但身邊的朋友卻一個個向我抱怨結婚不牢靠；為什麼有人說愛你的時候是真心的，說想離開的時候也是真心的，那到底哪一個是真的，哪一個是假的，還是兩個都是真的？

為了「想通」我們一直想找答案，為已經發生的事情找解釋，對啊，這很正常，不然怎麼解釋這種事情會發生在自己身上。為什麼我會常常碰到消失的人？為什麼我朋友老是碰到奇葩的主管和同事？為什麼他對我做了這麼壞的事情，晚上還睡得著覺？他就不會想來和我道歉嗎？這些事情想了又想，有答案嗎？多半時候沒有，就像我小時候在神桌前玩大便，搞得滿室都是屎有什麼理由嗎？沒有，只是覺得我可以這麼做而已。

越來越覺得，長大後想不通的事情越來越多，就跟我小時候覺得自己吃什麼都ＯＫ，沒想到自己不適合吃涼的食物，還對一堆東西過敏，那為什麼以前吃都沒事呢？對吧，你看又多一件想不通的事。我的建議是：

我們都是智慧有限的人類，
現在想不通的事情就先別去想了，
也許，答案就放在以後的日子裡，
你缺的是時間、還有這一路上還攢不夠的經歷。

投資不也是這樣，開始你不知道自己在做些什麼，到未來某個時間點才發現，自己穩健的投入居然創造了可觀的獲利。

過了一陣子，我在洗衣機裡發現了那條項鍊，不知道是不是被洗過的關係，它變得更加閃亮，戴著更加閃亮，更襯我喜歡的極簡穿搭了。

過敏原：容貌焦慮

某次跟一群朋友出去吃飯，結束後幾個女生圍在一起討論要一起發哪一張照片。那時我覺得奇怪，為什麼要發哪一張照片還要一起決定？接下來他們在群組裡面互傳這張照片，搭配訊息：「我修完囉，下一個換誰？」「換我！」接著又把圖接去修，修完再換手，這場「修圖接力」結束之後大家才可以發布。

有個朋友問我：「慧川，你不修喔？」我拒絕了，因為那些App怎麼都用不上手，常常用力過猛把自己變成一幅油畫，乾脆就不用了。再者，我希望從別人的口裡聽到「你本人比照片好看」而不是相反，所以我一直沒有在修圖上面多下功夫。

那麼難道我就沒有對自己的外貌沒自信或者焦慮過嗎？相反地，我從小就是一個對容貌非常焦慮的人，我想應該是從小媽媽就對我灌輸了「我是帥哥」的概念，甚至以為自己可以靠臉吃飯。到了國中、高中、大學，每個階段都發現自己離主流審美的距離似乎越來越遠，所以越發焦慮。

以前國高中每個月有髮禁，每到接近檢查的時間我就會覺得心煩。經歷過髮禁時代的人都知道，學校對於學生頭髮的要求大多會有一個「公分數」的標準，例如耳下、眉上幾公分，或是後腦要有電剪推過的痕跡。一個月根本沒能長多少頭髮，我每次都想逃避上理髮店，因為理髮師不會管你是不是只想通過檢查，深知每間學校規矩的理髮師只會問你是什麼學校，然後照規矩剪，剪完的髮型會讓你看起來呆至少一週，如果剪壞了那就是至少醜半個月。好不容易恢復過來檢查時間又到了！

什麼都不懂但決定做些什麼的我，決定自己買一把打薄剪，至於為什麼是打薄剪我也不知道，可能因為「打薄」聽起來是個很專業的詞吧？那把打薄剪像把梳子，我看說明書上的模特兒就像使用梳子那樣，梳兩下就能把頭髮剪短，簡直太棒了。我決定從兩側頭髮先開始，直接感受這把梳子的魔力。但誰知道我一梳，似乎是使用角度不對，梳子卡住了頭髮。人往往就是這樣，明明看到危險訊號，卻還是奮不顧身往前衝，明知愛不對人，卻還是飛蛾撲火。我心一急用力往下梳把一整塊頭髮都剃掉了，暴露出我蒼白的頭皮本體。我簡直要暈厥過去了，原本想要剪出那種明明剪了但看不出來剪過又可以通過檢查的髮型，最後剪出一顆有缺陷的髮型，那塊被我剃掉的頭髮足足兩個月才長出來，而且至今那塊都還有點明顯，無法長回原本的茂密髮量。

然後我也曾經對身高自卑，聽信購物台主持人的讒言，買了一種睡前滴在肚臍上的藥劑，號稱一個月能長十公分，剛開始滴的時候我還真的怕自己會長太高，所以不敢滴太多，結果整盒滴完我的身高還是雷打不動。我在如此年輕的時候就遭遇詐騙，也難怪我的性格會如此早熟吧？

成長過程中家裡一直告訴我，男生乾淨就好，我的長相已經不需要過多的裝飾了。那段時間我出門頂多就是洗把臉，哪怕臉上只是擦了一點潤色的防曬我都怕自己過於精緻。可如今我從以前那個出門只洗臉的男孩，進化成會擦防曬、隔離、吹頭髮，有時甚至會修整一下眉毛的都市男子。兒子不孝！在我父母眼裡我已經沾染了台北男子過於精緻的惡習。

尤其過了三十歲之後，容貌的焦慮只能說有增無減，雖說老化是一條必經的過程，但總還是希望它發生地慢一些。所以當有人提醒我抬頭紋有點深的時候，我去做了美顏針灸；有人說我的臉好像沒有以前緊繃的時候，我去嘗試了「還我漂漂拳」。真的有這個療法。它是一種推拿術，可以藉由按摩臉部骨骼的方式讓你立刻小臉，視覺也更加平衡。然後接了業配工作為了拍照好看，又去打了好幾次雷射。這樣回想起來，我哪裡沒有容貌焦慮？我根本是焦慮大王。而且每一個療法都不便宜，算算已經花在上面的錢，應該有……爸！媽！兒子不該變得這麼精緻！兒子不孝！

又有一次，我朋友又說了我的抬頭紋，讓我覺得我額頭上的那三條線是不是真的罪該萬死？導致我無時無刻都在注意著它們，也不敢做太驚訝的表情，即便發生再驚訝的事，也只能面目慈祥地面對。

我決定去醫美診所諮詢，到了診間，醫生問我：「怎麼啦？有什麼想改善的嗎？」我反問醫生：「醫生，你覺得我要調整什麼地方？」醫生在我臉上摸來摸去、左捏右捏說：「我覺得咀嚼肌有點大可以改善一下，眼睛也有淚溝，然後膠原蛋白有點流失……皮膚還有痘疤的狀況，可以先處理。」

Excuse me？我做了這麼多表情醫生沒看到我的抬頭紋嗎？還有等等，剛剛講的那麼多地方是怎麼回事？那些地方我覺得都還好吧？

「等等醫生，你不覺得我的抬頭紋很深嗎？我想改善的是這個。」我忍不住說了。

「抬頭紋？來，你做個表情。」醫生邊說邊端詳了一下，接著說：「可是，你不覺得男生有點抬頭紋蠻帥的嗎？」

我聽了愣了一下，他轉頭也問了一下護士，「你不覺得嗎？」護士也點了頭表示同意。醫生說，要處理當然也有辦法，只不過他認為那不是我迫切需要的。那一刻我好像理解了什麼，於是我什麼都沒做就離開了診所。

原來，我一直在意的缺點在別人眼中根本不是缺點，甚至還得到正面評價。就跟有時長了痘痘一樣，你覺得全世界都在看你的痘痘，其實別人是在看你鼻孔岔出的鼻毛（？）

我對於容貌的焦慮來自和別人的比較，
以及把旁人的偶爾評價放大，
讓我把賺來的辛苦錢砸在治療這份焦慮上。

Again，媽！兒子不孝！

我仍舊相信醫美，也會繼續在維持容貌這件事上花錢花時間，但我想我已經不再苛求絕對的完美了，也不再輕易感到焦慮。我相信一個人夠不夠好看或吸引人是整體的綜合分數，不是只有五官和身材。我曾好幾次在台灣或國外的街頭，看到一些整頭花白的老人家，臉上也許還爬了不少皺紋，但整個人依舊散發著「好看」的氛圍。

三十幾歲的我，
正在學習如何剛剛好地變美，
剛剛好地接受某些缺陷，
成為一個本人比照片有魅力的人，
希望你也是。

我一直在意的缺點
在別人眼中根本不是缺點

過敏原：前任

有些感情的結束像大病初癒，而有些卻像一場沒看完的電影，在心中留下了懸念。

對於前任該抱持怎麼樣的態度已經可以說是月經文了，就是每隔一段時間就會有人問起，我大腦裡理性的那塊也曾經告訴我，「不就是以前交往過的人，都過去了，當朋友沒問題吧？」

做為一個足夠成熟的大人，當然可以，我也以為我可以處理一個這麼簡單的問題，在感情劃下句點的同時，抱持風度，儘管無法成為陪伴彼此到最後的人，也應該要能抱著祝福、站在遠方為彼此加油打氣。也因為你們曾是最了解彼此的人，所以你可以在對方最脆弱傷心的時候給予對方最需要的支持。況且，你們之間的感情都已經是過去式了，這樣經過昇華淬鍊過後的友情，不是更純粹、更值得珍惜嗎？如果現實能有這麼簡單就好了。

事實上是，我們都是人，我們都應該很清楚人性是什麼樣子。就拿感情過去這件事來說好了，這也可以順便聊到「男女之間有沒有純友誼？」不管是男男、女女或是男女，如果對方的性別對你來說是有性吸引力的，就不太可能會有純友誼，純友誼會發生的情況就是對方對你沒有任何性吸引力，這也就是為什麼你想到好友裸體的畫面就想吐（？）道理是一樣的。

寫書的前一陣子我也剛好遇上了前任突然和我聯絡，說來慚愧，我以前給過朋友這麼多建議，用理性的腦袋為朋友分析順便加上一點指責，其實我從來沒碰過回頭的前任，直到這次。

我們分手已經好幾個月，當時因為相處上的問題，以及他因為工作去了時差很多的地方，我們的生活將會彼此日夜顛倒，所以在一次的不愉快中，我們分手了。約莫過了一年，他突然發來訊息。

「嗨，你最近好嗎？」

「我不錯啊，你呢，那裡的生活還習慣嗎？」

在一封封的訊息往返中，我們了解了彼此的生活近況，我覺得他好像變得有點不一樣，好像還變得比以前好看了，可能吃得食物不一樣整個人甚至有點異國的神秘感？訊息交換越來越密集，然後我們開始叫對方起床，關心彼此有沒有吃飽穿暖之類的，曖昧指數突然又拉得很高。可是就在他要回國前，我們又因為某件事不愉快，我驚覺原來導致我們無法繼續的原因並沒有消失，不管時間過了多久，我們始終還是沒有變成適合對方的樣子，於是我自主慢慢地抽離這段眼看就要死灰復燃的感情。

前任實在太危險了，當你以為對方現在是你的朋友，你們可以很清白，但只要出現某一個瞬間，讓你的荷爾蒙不小心又翻騰起來，擦槍走火也只是一個瞬間的事。更不要說曾經相愛的兩個人，還能私約？還要人相信他們在不經意碰到對方肢體的時候一直保持心如止水？斯咪媽線（不好意思我學過日文五十音），我真的不相信。

再來，很多人分手之後抱持著真心祝福前任可以早日找到下一個人，為彼此加油打氣，除了在偶像劇之外，比較多的情況是你希望前任早日找到另一半，但是不可以比你早；你希望對方尋覓到幸福，但最好不要比你幸福。即便是你們都已經生活幸福美滿了，偶然聽到對方的近況時，心裡難免還是會覺得有些怪怪的，尤其是你們曾經有過一段很美好的過去時，甚至有可能還會閃過「如果那時我們……現在會是怎麼樣？」

對於現任呢？我只能說有一個和前任分得不清不楚的情人，實在太衰了。

因為愛，所以要逼自己包容和通情達理，告訴自己一切都是自己的自卑和多疑作祟，一對互有性吸引力的人單獨出去或是簡訊交流，一定都是在談論天文時事或者理財投資，絕對不會有任何的風花雪月，催眠現在擁有那個人的是你，前任搶不走。不好意思，前任還真的可以搶走。

能夠做「朋友」的，多半都是和平分手，更多時候還帶了點遺憾，而帶有遺憾的分開是最可怕的。因為他們總是會想著前面提到的：「如果那時我們……現在會是怎麼樣？」那麼，怎樣是稱職的前任？一個稱職的前任就應該像具屍體，消失在對方的生活裡。

如果我們是百分之百理性的生物，我當然可以很確定的、用競選總統的氣勢告訴你：「絕對可以！」但我們有感情、我們有荷爾蒙、有現任的心情要照顧，還有那個你自己都無法掌握的人性，所以，很抱歉，這個問題我要給一個否定的答案。

我的姪子還小的時候，有一個很喜歡的玩具車壞了，那是他最喜歡的車車，他非常難過大哭大鬧了好幾天，大人要給他買新的他都不肯，非要那個已經買不到的款式。但就在某一天，他在大賣場裡看到了一個新的消防車玩具，吵著要買，我掏腰包買給他。

「這台比你上一台帥嗎？」我問他。

「嗯！」

「那你還想要上一台嗎？」

「不想了！」

有句耳熟能詳的話：「要是時間和新歡也不能讓你忘記一段感情、忘記一個人，原因只有一個，要嘛時間不夠長，要嘛新歡不夠好。」如果你碰上了回頭的前任，你也可以反過來想想：

02 我對生活過敏，有藥醫嗎？

他是真的覺得自己錯過、
不想失去你，
還是他只是
找不到比你更好的人？

過敏原：戀愛裡的自卑感

已經三十好幾，戀愛也談過好幾場了，照理來說這件事情應該就像騎腳踏車或游泳那樣駕輕就熟了吧？但事實上是很多人包括我自己還是常常會因為同樣或類似的事情煩惱和過不去，彷彿每一次戀愛都像第一次，聽起來好像很浪漫，事實上很笨，想要面朝大海大聲喊「大笨蛋！」的那種笨。

例如，我們常常會在一段關係中感到自卑，常常覺得對方太好了，我配不上他，可能覺得對方顏值、社經地位太高或是任何一個地方太過耀眼，認為自己僥倖得到，所以更加戰戰兢兢，深怕一個行差踏錯就被趕下戀愛巴士。

有一次我收到一個專欄邀請，對方希望我寫跟才子才女交往該注意什麼，為了寫這個題目我不得不求助 Google，但跳出來的第一則文章是關於中國北大才女和清華才子婚後情殺的新聞，最後下場是一死一坐牢。真是天要亡我，本來想寫一則輕鬆可愛的小品，老天卻給我一個相愛相殺的題材。

左思右想之下，我回想起我的確有過類似的戀愛經驗可以分享。其實我常常接收來自旁人誇讚我是才子的訊息（ＯＫ，旁人是我的經紀人），但我其實沒有什麼太大感覺，只覺得我只是比一般人忙碌一些而已。而當時的對象也不停地誇我是才子，但我只覺得這是為了取悅我而說的話。

但交往了一段時間後，他開始流露出強大的不安全感，為了安心，他必須不斷查勤，我必須不斷報備我的所在和正在從事的活動。一開始還覺得「噢真是可愛」，但持續一段時間之後，看到他的訊息心裡就會萌生殺意。因為光是報備這件事就要做到非常細，到家的報備還必須分成「到家樓下」和「進門」，我自認我的外貌和智商都不至於會在這麼短的時間身陷險境，到底是為什麼呢？

我覺得很多人和所謂的才子、才女型的人交往時，最大的盲點就是沒把他們當普通人吧？

戀愛關係裡很重要的事情是對等，
當對方想和你交往時，
他們理應也把你視為一個平等的戀愛對象，
崇拜是決定你欣賞和喜歡上對方的要素之一，
但並不代表崇拜的一方就比較差或卑微。

被崇拜的那方一定也看到了你身上有他沒有的、喜歡的東西，除非對方一直拿著你的弱點刺激你，或是總是高高在上地對待你，把愛情這件事當做施捨，而那又是另一件事了，對我來說這樣的關係是扭曲且不健康的。

如果你要的是健康的關係，請把對方也當成普通人，一個正常的戀愛對象，不要因為某些標籤把對方神聖化，更不要讓自己變得卑微，因為大多數人都喜歡自己的對象是堂堂正正的、夠格站在自己身邊的人，沒有人會喜歡把自己的頭低到塵埃裡最後變成灰塵的人，至少我不喜歡。

這樣的事情也不只發生在戀愛時。某次和同事午餐的時候，我們聊起當時某個明星離婚的新聞，現場幾位已婚同事開始聊起自己經營關係的感想。其中一位同事一臉淡然，只差沒有點一根菸說：「沒有什麼不變的愛，愛都會變的，你要求對方一直愛你的同時，先要問自己『你憑什麼要人一直愛你，你有什麼值得愛的？』。」

這句話既冷酷又清醒，也不禁揣測他的婚姻發生什麼事了？但那不是重點，重點是他的話讓我思考，難怪關係、愛情常常搭配的動詞是「經營」，所有要經營的事情都無法視為理所當然。

看過很多教人如何讓對方愛上你的文章和影片，其實不外乎都是教你改變外型、打扮或者打一些心理戰的小心機來引起對方注意。其實這些方法在短期來看可能都是很有效的。就像一句話說的，「得先有五官，才能讓人注意到你的三觀。」不過那些東西撐不起長久的感情，也創造不出深度的喜歡。

心動的感覺只在一時，那股賀爾蒙造成的悸動退去之後，兩人最終還是要能夠為對方創造「價值」，這才是經營關係的方式。說起來可能有點自私，但人都是希望自己和另一個人在一起最終是能夠幸福的，而這個幸福和對方能夠提供的價值密切相關。像是婚後兩人可以為家庭或雙方提供什麼東西，比如一個家庭的安定、維持一個家庭運作所需的雜事。而價值也包括了物質上的和情緒上的。像我一個女性同事說的，家中的生計可以由她來支撐，但只希望在她脆弱時老公可以照顧她的情緒，但因為老公時常無法做到，讓她覺得很氣餒。

而關係無法經營下去的人，往往都是因為有一方或雙方都停止輸出自己的價值了，像是不再關心對方的情緒、停止讓自己變好，也就是一種反正我已經上岸就對自己的一切擺爛，從外貌到工作再到生活情趣，甚至只讓一方去承受那些生活中的粗活，如果是這樣，那麼對方變心或者去找別人了又怎能怪對方呢？

不要用力地否定自己，也不要盲目相信自己還沒遇到對的人，「是他不值得我」、「我的靈魂伴侶一定還在路上」，在你沒有變得更有價值前，那個人可能永遠都在路上。在穩定關係的人們也別得意，因為你們也必須要花一輩子時間好好經營。

講了這麼多，也算是給我自己的鼓勵和提醒吧，畢竟三十好幾的我，依舊單身（菸）。

「愛自己」這三個字用最膚淺的方式來實踐，
是給自己買個包包、吃大餐、
花大錢在自己身上寵愛自己。
但我想，真正的愛自己，
應該是讓自己變成能夠在關係裡輸出價值的人，
成為一個值得愛的人。

所有要經營的事情
都無法視為理所當然

過敏原：下次見

相信翻開書的你大多是年過三十的大人了，但應該還是有對於成人世界一些狗屁倒灶破事存在著一點好奇心、想著先預習一些老了可以從容面對的年輕人吧？

相信你應該讀過很多關於成長的書都教你，當我們長大以後，我們的時間變得很寶貴，與其從事社交，你應該多花一點在自己身上，聆聽自己的內心，拒絕那些你不想去、臨時發起、打亂你原本計畫的飯局、聚會、約會。成為一個獨立在自己飽滿精神世界、生活精彩豐富的大人。

如果你問寫前兩本書時的我，我也會給你差不多的答案，因為長大後我認為最重要的事情之一就是，不管對於自己、世界、生活週遭的人、朋友甚至是你的親人，你都應該要多一點自私。因為，我一直認為人雖不能獨活，但很多時候卻必須獨活。也因為這樣，趁早練習這件事情應該是好的。

但，在寫這本書時我的想法有了一些改變。我有一個好友，是我在英國唸書時認識的同學，那時我們只要一有空就會約到她家吃飯，我們一群好友那時做了很多很白癡但回想起來很好笑的事。譬如說，我和她以及幾個好友一起成立了一個社團叫「窮玩社」。我們都是窮學生，但已經到英國唸書，我們不允許自己只關在家裡念書，活在「亞洲學生都是書呆子」的刻板印象裡。所以儘管我們預算吃緊，仍然規定社員每個週末都要去夜店玩，而除此之外我們還有幾項鐵律：

1. 夜店門票超過五英鎊的不去
2. 每次出門都要有dress code
3. 酒精只是助興，絕不喝到爛醉
4. 互相照顧彼此，遇到奇怪的人搭訕社員會蜂擁而至，以肉身護彼此周全有了這樣的規則，我們每週都玩得既瘋狂又健康，週末去玩得一身大汗回家，彷彿參加了什麼健身俱樂部。

畢業之後我們都回到台灣工作，她在媒體產業混得挺好，而我正處於職涯的低潮期，在一個全部門都被解散只剩下我的公司裡。那時的我除了年輕貌美，可以說什麼都沒有。剛剛好她那時想組織一個自己的團隊，於是問我要不要加入。當時我只做過一些翻譯的工作，而她已經是一家國際雜誌的總編輯，正缺負責名人採訪的寫手和編輯，但我一點經驗都沒有。她只對我說：「我覺得你挺有天份的，我相信你可以勝任。」要當一個採訪編輯除了文字能力，還要有相當好的社交手腕，才能周旋在藝人團隊以及完成許多跨部門工作，而年輕時的我社交能力其實很低落，還有陌生人恐懼症，更別說還要和陌生人訪談。但在這麼多的不確定之中，她還是願意在我身上放手一搏，讓我很感動。

開始的時候我真的做得很爛，和藝人採訪時總是問題問完就結束，完全不懂怎麼深入聊天，文章也寫得七零八落。但她陪著我去採訪現場，帶著我和現場工作人員打照面，告訴我和藝人經紀人交手有哪些眉角，拍攝時有哪些程序步驟；我的文章寫得不好，她一次一次地修改，推薦我書單和把好的採訪稿件給我參考學習，在她的帶領下，我漸漸地可以自己獨立完成採訪、創立粉專最後甚至出書。

但還是應驗了那個職場的鐵則：永遠不要和你的好友成為同事，甚至還當他的下屬。當然，你們有可能會成為職場上的戰友和生活中的好友，但更大可能是你們會開始產生摩擦，最後損及友情。後來，我因為出現了我認為更好的工作機會向她請辭，她認為那份新的工作並不適合我，寫作才是我的歸宿。對此我們產生了很大的不愉快，但她終究是明理人，還是理性地讓我辭職，但彼此的心中多少都留了一些芥蒂。

彼此都冷靜了一陣子後，我們又當回了朋友，畢竟都是大人了，而且再也不是上司下屬的關係，當起朋友更自在了。但她那時人生遭遇了一些轉變，她也在釐清人生方向，過程中她和朋友間的關係變得忽近忽遠，有時約好見面，她可能會臨時放鳥或是找藉口不出現，我們一群窮玩社的好友們從一開始的生氣到後來放棄，每次都開玩笑，她對我們的聚會來說是可有可無的存在，就算她臨時爽約我們也不在意了。

有一次她突然很積極地約唱ＫＴＶ，又是那種很臨時的約，我本來都已經換好睡衣，上衣紮到褲襠準備睡覺了，收到她的訊息時翻了一個白眼，心想「這個人真的是讓人受不了」。但不知道為什麼，我還是換了衣服，大晚上的就出門了。那一夜我們熱唱了好幾個小時，把我們以前在英國總喜歡在宿舍裡大唱大跳的歌都點了一遍，彷彿回到窮玩社的時候，那種純粹地玩、不管明天、不管作業報告，只求當下放聲大笑。

過了幾天，我在上班時收到一個訊息，是我們的共同好友傳來的，說她好像「走了」。

「走了？走去哪？她出國了？」這是我的第一反應。

「不是，她走了，過世了……」

我的腦袋像網路突然斷線進入緩衝狀態。「怎麼可能，我才剛跟她唱完歌耶！」「這是誤傳吧？就像先前很多人都說金正恩過世了一樣吧？」「她長得不像短命的樣子啊！」儘管腦袋有許多理性（？）的問號，最後透過她的家人證實，她真的走了。

我們都很難接受，尤其是窮玩社的夥伴們，那個最活蹦亂跳、鬼點子最多的人竟然一聲不響走了，她老是喜歡出奇不意，喜歡臨時約又喜歡放鳥，我們對她生氣卻在見到她的那刻又忘了對她生氣。我們對此難過，難過她走得突然，連道別的機會都沒有，卻也感到安慰，在她走前我們沒有因為她約的臨時而拒絕邀約，在那天晚上我們玩得很開心，她常說想念我們在英國的時間，那晚，算是也些許安慰了她一些吧。

經過這件事後，我開始對「每一次見面都是減法，見一次少一次」有了很深的體會，當然，我還是支持長大之後社交關係應該精簡，少去無意義的社交活動，但現在我不那麼輕易或隨便地推掉和朋友或家人見面的機會了，因為「還有下一次」這樣的想法實在有點可怕。

你的下一次是真心的，
還是為了撫平自己失約的愧疚感？
每一次的相約都是慶祝你們之間的緣分和情誼，
不要視為理所當然。

對於那些你在乎的人，家人朋友也好，甚至只是曖昧的對象，少一點下次約、改天見，每一次錯過他的期待和等待，都有可能再也不見。

此篇獻給摯友楊茵絜

每一次見面都是減法，
見一次少一次

BALL
Est.1851
OF SWITZERLAN

03

我們大致相同，卻又與眾不同

沒有天鵝耀眼，那當一隻不錯的鴨子吧！

第二本書寫完之後，我和一個企業女強人一起開了一個叫「我愛上班」的Podcast節目，內容大概就是討論一些我們的職場經驗，並訪問我們欣賞的人。會想開這個節目是因為，絕大多數的人一生中有三分之一甚至更長的時間都在工作中度過，所以這裡面有太多事情值得說了。

有一集我們討論到討人厭的同事，我想起有次朋友和我抱怨，有位同事總是要他做東做西、幫這個那個。那些事情有時候看似是他的職責，但又好像不是非他不可的事情，做了反而耽誤了他最重要的工作。最可怕的是，你午夜夢迴仔細回想，做了這些事其實是方便了對方，那些你本來不必做但貌似是你的職責的事情，因為他的要求變成你非做不可。但朋友無法拒絕，可能因為同事比較資深，或是總是態度很好，糟的是他因為答應過了一次、兩次變得無法拒絕，然後同事軟土深掘，一次比一次要求得多，變成需索無度的喪屍。

你會說：「阿就硬起來直接跟他說不要！我不要做！」但你知道職場很多時候不是這麼容易的，直接叫他滾會讓他一陣錯愕，覺得你變了，然後顯得自己EQ很差。好辛苦，好兩難，無能為力只能任由他利用你的善良。

但誰叫你一開始讓對方得逞了呢？頭洗了一半不洗，無法半途抽身啊！這時，你應該用漸進式的方式矯正同事的壞習慣，建議你可以聽聽我從同事身上學到的「夜奶理論」。

有天我和一個最近在育兒的朋友聊起他的睡眠問題，剛出生的寶寶晚上會肚子餓，會大哭，這時父母就要起來餵奶，有時一晚上要起來好幾次，這就是喝夜奶，不要問我為什麼連這個都能聊，身為一個生活觀察家這是我該做的。要幫寶寶戒掉夜奶有個技巧，那就是逐次把夜間餵的奶量減少，假設原本習慣餵五十毫升，改為餵四十毫升，持續一週後，再減少至三十毫升。慢慢地，奶量變零，最後戒掉夜奶。

同理，需索無度的同事就跟寶寶一樣，因為他知道他只要喊一下就有奶喝，這時你必須處理並調整他的期待值。你還是要給他奶，但是要減量，減量的方式有兩種，一是延遲給他的時間，二是不要滿足他的期待。

例如，如果他說：

「可以幫我做這個嗎？我下班前要，拜託一下。」

「喔好啊，可是我現在有一個很趕的東西要弄，可能沒辦法馬上給你，要明天。」

「明天喔？可以幫我……」

（更強烈地說，帶點哭腔更好）：「真的不好意思～～～！我真的好忙，必須要明天才能給你，真的不好意思！」

「可是……」

「不好意思！！！！」

這就是延遲，你沒有不幫他，但你有更重要的工作，等你有空再做就好。

那種明明他也有份但都把事情推到你這裡的呢？你還是把東西做給他，但不要全部做完，最忌做到完美，一定要留部分給他收尾，或是也要他參與其中，然後做給他的東西逐次減少。

「可以幫我整理去年的資料嗎？」

「好啊！」

（過一段時間）

「不好意思我只能整理到七月，我現在有個東西要忙，剩下的可能要麻煩你了。」

「蛤是喔？」

「對啊，先忙了，加油喔！」

這就是減奶，如果這件事是和他比較有關，你只是輔助角色那就可以更激進地每次減少幅度加大到最後甩鍋。希望大家都可以善用延遲和減量的方法，幫助需索無度的同事順利戒除夜奶。

另外一種同事就沒這麼討人厭，但同樣很煩。總在你忙的時候來找你聊天，偏偏你跟他也不是什麼知心閨蜜，他只是話癆末期，跟誰都想促膝長談。你會懷疑，為什麼這樣的人可以領跟我一樣甚至更多的薪水？

我以前曾在別的地方寫過，如果有人來和你閒扯淡可是你很不想聽想要結束話題，只要你中途用一些小動作打斷他，例如：掉東西、喝水、去影印等等，症狀較輕的人通常會自己結束話題。但如果你碰到的是症狀嚴重的同事，即使你已經在位置上練習深蹲他都可以繼續和你聊，建議你可以使用更激進的做法，這方法我試過真的很有用。

在你們聊天的途中，你站起身或是慢慢假裝不經意地往一個方向走，那個方向是哪呢，就是他的座位或辦公室，走著走著他也會一頭霧水地發現自己怎麼就走回自己座位了，都回到位置上了，只好繼續工作，你也可以結束話題了，是不是很棒？

這些其實都還算好處理的，很多時候在職場我們遇到的精彩實況與潛藏政治，遠比這些人難應付，甚至是你根本無法應付和改變的情況。有一次錄 Podcast

的時候和我的搭檔聊到了當時「安靜離職」的現象，指的是很多打工仔們因為對職場積累了太多負面情緒和疲累，決定放下那個拚搏的自己，改用事事只求六十分的態度來面對工作，不追求進步或晉升、不加班、不鬥爭，只要安安靜靜地捧著飯碗。

我的搭檔是一個成功的企業老闆，對這樣的態度不以為然。而站在一個打工人或者社畜的立場，其實我很能體會這樣的心態。我難道不能只求把工作做完就好，然後準時下班去做讓我快樂的事嗎？做為一個普通人，這樣的要求算過分嗎？

而我的搭檔告訴我，當你「安靜離職」的那一刻開始，也代表了你停止進步了，當老闆發現你的薪水隨著年資在漲，養你的成本變高，而你的專業技能卻沒有隨著進步或更能為他分憂解勞，那他為什麼不換一個更年輕、更便宜的人來做你的工作呢？既然你安靜地離職了，他自然也可以想辦法「安靜解僱」你吧？

這段話我無法反駁，越長大越知道，這個世界講的從來都是道理，道理一直以來都很現實，功勞永遠勝過苦勞，更何況你現在連苦都不吃了。做為一個普通人，我想我們也很難逃避努力，事實上天鵝和鴨子都要拚命地滑水才能浮在水面，辛苦吧，但誰不辛苦呢？

如果你還是個有能力努力的普通人，
應該要感到慶幸，
就算是鴨子，裡頭還是有優劣之分；
即使沒有天鵝耀眼，
依舊會驕傲自己是一隻不錯的鴨子。

作為一個普通人，
我想我們也很難逃避努力

你發誓，你沒NG過嗎？

某個晚上，我和我的經紀人開會討論某集的Podcast節目主題，聊到NG的同事類型，躺在床上時我突然有個體會，同事真的和家人一樣，而且不是溫馨的那種。

意思是你無法選擇你的同事，和朋友不同，交朋友可以選擇你的同溫層，不喜歡就絕交，很好處理。但如果進了一間公司，就代表你必須和他們每天相處八小時，少說三年五載的，不喜歡又不能隨便辭職，畢竟我要生活，為什麼不是他走，是我走呢？

然後不管多麼棒的公司，總還是會有處不來的人，如果你身處在一個人人都是天使，老闆英明神武，大家相互幫忙，三觀相符，沒有勾心鬥角的職場，那你的上輩子一定是救了國家，千萬不要輕易離職。我的某一份工作，是在一間老牌子媒體擔任編輯工作，進去前想像同事應該都是很體面的知識份子，上班的環境應該清新明亮，是個能夠滋養靈感的天地。不過，菜逼八的我很快就受到巨大衝擊。

鏡頭拉回十年前的我，那時我的位置緊鄰一群待退的前輩們，他們每個人都長得慈眉善目，早上進入辦公室時步履總是緩慢而從容，腳下彷彿踏著祥雲，而歷練不足的我們總是慌忙，在每天突發消息、即時新聞的轟炸下狼狽不堪。所以我在心中都叫那區樂土，而那些前輩是仙人。

當大新聞發生、每個部門忙得如一片焦土時，那區的仙人們依舊充滿祥和之氣。每每看著他們，我的內心就能平靜不少（也許吧）。可以看得出來，祥和的待退小組感情相當融洽，也把公司當作自己的家。他們聊天的分貝數相當高，我知道他們家誰裝了心臟支架、誰家養的狗死了，或是哪個市場的豬肉特別新鮮。

某天，我在趕一篇稿子時，突然聽到一陣唐突的 beatbox 聲響，我好奇地朝樂聲看去，原來是一位前輩抬起一邊臀部放屁的聲響，錯落有致的節拍聲，時而急促，時而悠長。原以為這樣的奇景就像 Dcard 的留言，錯過就沒有了，沒想到這是一個長青單元，每兩三天就會聽到前輩在自己的座位上演奏。

還有一個附近的前輩會在座位上剪指甲，那平緩的節奏、清脆的聲響總能讓我從繁忙的工作中抽身，安靜地欣賞那歲月靜好的畫面。若陽光正好，打在前輩身上，還可看到飛躍的指甲在光線裡跟著灰塵閃閃發亮。

說出這些往事後，經紀人一臉天真地問我：「這些算ＮＧ的同事嗎？」意外地，她在職場上的容忍度很高。的確那時年紀小，很容易對職場上的許多事過不去，讓自己的負面能量很高，然後用說八卦或是抱怨的方式宣洩，讓自己的負能量更高。後來才知道，學習在這樣的環境和同溫層以外的人相處才是正經事。

她又問我：「那你自己就不NG嗎？」我又醒了，就像那句話說的，不管是多好的人，在別人的故事裡，你我也許都當過壞人。回想過去，我可能，不，是一定也有當過很雷的同事，一定也做過很多「早知道」該怎麼樣或不要怎麼樣的事。

我曾經做過一場大學線上演講，主題大概是關於一些出社會相關的經驗分享。做簡報的時候，我想起前幾天同事抱怨被新人叫「姐」，後來回想一下，真的有很多人跟我抱怨過這件事，而我自己也曾是那個滿口稱呼別人「哥」、「姐」的白目菜鳥。

我初入職場的時候也因為想要表現新人的禮貌，所以稱呼一位已婚爸爸

「XX哥」，然後他很不好意思地說，他不是哥，不要叫他哥。那時我有點不知所措，以他的外表（？）和在公司的年資，應該是完全扛得起「哥」這個稱號的，難道他希望我叫他「屬淑」或「爸拔」？

不過如果直呼姓名好嗎？我在心裡演練過，如果不帶情緒地喊他的名字顯得有點粗魯，以及他明明就是長輩直呼名字也太怪了吧？如果帶點情緒地叫，聽起來又會像撒嬌（到底什麼情緒？）職場到底要多難，連稱呼都有這麼多毛病？

可能哥或姐這個字太慎重，讓對方覺得自己德不配位？或者代表了你對對方年齡的臆測，所以讓人聽起來不舒服？前陣子我去銀行辦事，門口要我抽號碼牌的警衛屬淑也叫我「大哥」。當下我也有些在意，不能叫我先生就好了嗎？我沒有你這樣的小弟！

以前不懂，覺得為什麼進公司要取英文名字，然後很多人還會把自己的英文名字唸錯，到底何苦走這一遭，取個洋人的名字來為難自己。但後來我懂了，英文名字沒有中文那麼多包袱，你可以稱呼比你大或比你小、年資比你高的人不加哥姐都沒有問題。那如果碰到沒取英文名字的人怎麼辦？我想在我跟他不熟的階段，可能就用「不好意思」、「請問一下」就好了吧，就不呼喚他們的名字了。

回到「姐」這個稱號，希望大家在面對女同事時要特別小心，不要因為剛到新環境或者急著想表現禮貌就隨便說出這個字。因為目前我聽過抱怨這件事的都是女生，「我才比他早來兩年好嗎？」「我才剛滿三十耶！」「我看起來像姐嗎？」依照遇到的機率來看，女生的確對「姐」這個字比較敏感，

不管是菜鳥，還是得終生成就獎，都不想被叫姐。
畢竟多數人都希望，活得像個姐，長得像忙內。

回到ＮＧ同事，如果說長大這件事讓我學到什麼，其中一件應該是，不要總是如此大驚小怪地覺得被冒犯吧，而且大部分在你身邊的人都是無法挑選的，我不會再輕易覺得別人ＮＧ，因為我們大多時候只是不一樣的人罷了。

那我是哪種人呢？我想是喜歡躲起來放屁，偷偷地剪指甲，到了三十幾歲才算有點搞清楚職場生態的老白兔吧。

年紀變大，臉皮也該厚了

很多人都說，年紀越大臉皮會越厚，越不怕丟臉，我不知道這些人是誰，因為三十歲之後，有段時間我只覺得自己像個馱獸，背負了一個巨大的包袱。

寫書的這年我開了一個Podcast節目叫做「我愛上班」，開節目之前我其實一直挺猶豫的，因為說話一向不是我的強項。記得學生時代我參加過演講比賽，當時儘管已經覺得自己準備很充分了，但上台還是慘烈地詞窮，在青春的回憶裡留下不可磨滅的創傷。

從此之後我就一直逃避在眾人面前說話，因為只要感受到兩人以上的目光向我投來我就會覺得尷尬、腦袋空白。而我通常拒絕的藉口都是「我很害羞、不要啦！」「我很內向不太會說話，還是找別人吧。」所以我永遠記得我經紀人認識我的第一天對我說的「看你的文字很幽默，原來本人這麼不好笑耶！」對！我就是只能躲在文字背後的喜劇演員！我的經紀人說服人的能力很強，和她合作的期間，我像是中邪一樣接了很多在演講的工作，每一次要上台前我都會再恨她一次，恨她又成功地讓我答應上台了。不過恨歸恨，結束之後對自己的好感度又提升了，覺得那個話說不好的自己，好像沒那麼面目可憎。

後來，當她有了開節目的想法時，我甚至主動說願意加入，成為她的主持搭擋。她不愧是成功的公關業女強人，雖然和我一樣都是「內向型人格」，但憑著多年的業界經驗，主持起來可以說是條理清楚、游刃有餘，而我作為節目的輔助主持，我自己也覺得還行，開播以來節目得到不少正面的評價。

然而就在有一天，我看到一條留言，深深覺得身為一個社群人物，心臟不強真的不要隨便看留言，但回覆留言也是我們工作重要的一環，怎能說不看就不看？那則留言主要是說，我說話會結巴，表達不夠清楚，以及面對某一件新聞事件傳達的方式太輕佻；而另一方面他則是大力讚賞了我搭擋的表現。老實說，看到這則留言的當下我覺得非常無地自容，也非常在意，第一反應是想要辭掉節目，「好啊！你們這麼愛聽我搭檔就聽她就好！我這輩子都不要說話好了！反正我就是不會說話！」

這件事影響了我好幾天，我甚至不想再打開自己的節目聽到自己的聲音。這樣過了幾天，我又手滑打開了留言區，但這次我看到的是對我正面評價留言，他喜歡我的幽默感，喜歡這個節目有我的存在，瞬間我又有信心了！

原來有人不喜歡我，

但也有人喜歡我啊！

等等，這麼簡單的道理、我常常掛在嘴邊的話，為什麼一遇到事情就忘了呢？不知道你是不是也有這個壞習慣，遇到事情不順利時，比起樂觀地面對和解決，更多時候是自暴自棄地先否定自己，先幫自己貼上一個標籤，擺出一副「我就是很爛，我自己都沒辦法了，所以你就接受吧」的態度，沒有人可以指責一個搶先躺平的人。身為一個這方面的佼佼者（？），我知道這麼做其實是出於保護自己免於受傷的方式。

搶先幫自己貼標籤真的很爽，對，我就是什麼都做不好，出門找不到襪子、化妝都浮粉、找不到人戀愛、上班老是遲到、存款永遠沒有進步，我這麼爛你還對我有期望是你的不對。

可是這樣一時爽完真的會比較快樂嗎？沒有，因為沒有人會自願當一顆爛梨子，如果可以大家都想當一顆漂亮的蘋果。

如果真的走心了，
那就走吧！

痛快一時的自卑感永遠沒有快樂的自信來的持久。

我永遠相信一個心智正常、

手腳健全的人都有改變自己的能力，

即使在不友善的環境還是有做出最有利選擇的能力。

不要輕易地覺得自己有夠努力，怎麼還沒成功。當我告訴我的搭檔我表達能力不好是天生的，沒辦法。她說她有兩個朋友，天生就有結巴的問題，後來他們每次上台前都會把稿子練習上百次，最後變成台風穩健的演說高手。而每次我上台前的練習都不會超過兩次。原來我所謂的努力，只是自我感動。

以及，原來「不要活在別人的評價裡」這樣的漂亮話要實踐起來這麼難，但會往心裡去是難免的，如果真的走心了，那就走吧。允許自己難過一會，但當感性的情緒退去之後，也請你恢復理智。因為你只是一個普通人，你改變不了別人的想法，有人喜歡我的幽默，有人覺得那是不正經，但我滿足不了每個人。可是我知道，我正在嘗試用另外一種方式和我的讀者或關注者溝通，甚至還開始自己拍影片，用說話的方式表達自己的幽默，這是以前那個郝慧川先否定自己後，然後絕對不碰、安心躺平的事情。

自卑感不該用在否定自己，
而是要讓昨天的你看到今天的你時，
會覺得慚愧卻又慶幸。

看到了嗎？二十幾歲的郝慧川，年紀變大的你臉皮真的變厚了。

你討厭「已讀不回」，長輩們也是喔！

相信多數我這個年紀的人都有這樣的感覺，對於許多事情，反叛和裝聾作啞已經不再行得通，必須接受與被迫地做一些不想做的事，例如出席清明掃墓、參與家族會議或是，加入長輩群組。

原因很簡單，因為爸媽漸老，也開始想要放手一些事，讓年輕人們來拉主key，這種甩鍋的心態人之常情。所以躲避了好幾年，我終於心不甘情不願地入了幾個郝家的群組。每個群組的主題不太相同，有日常聯繫的、有同姓家族的，也有比較熟的親戚或是阿姨們聯繫團購事務的。這對於我的手機使用習慣產生相當大的影響，我有看到訊息紅點就要消除的毛病，而每每點開那些群組都是一些無意義的資訊，所以我現在特別懷念年少時，我可以輕易拒絕或對那些群組邀請視而不見。

父親除了希望我可以代勞那些瑣碎的家族事務，也希望我可以代表郝家，與他同輩或更高輩分的長輩們接觸。每逢重要節日，家族群組時常會有重要訊息需要溝通布達，於是現在到了像掃墓這樣重大事情來臨時，變成我要向父親轉達和提醒重要訊息。

如果這些群組只傳達重要的事那也就罷了，煩人的是即使沒有重大節日或活動，這些群組依舊很熱鬧。像是有個四十二人的郝氏家族群，每一天都會有長輩發問安貼圖。在這個群組裡有位最活躍、輩分最高的長輩，很常發些立場偏頗的新聞以及完全沒有查證的假消息。曾經試圖矯正視聽的我，只換來群組其他長輩一句「看看就好，不要太過介意與認真」。長輩果然還是比較有智慧，教會了我好多事。於是我只好選擇忽視那些訊息，任憑長輩們相信用檸檬水加醋漱口就可以殺死新冠病毒。

直到有一天，那位平時最多話的長輩發了一部疑似AV的影片到群組，睡眼惺忪的我立刻精神抖擻。說時遲那時快，接著有一堆長輩趕來救駕，連發了好幾張問安圖，群組裡數十名長者動員起來洗版，像沒事發生一樣。

又過了幾天，那位最活躍的長輩，又發了一個奇怪的東西到群組，點開一看，不是別的，就是A片本人，然後一群加起來兩百多歲的錦衣衛又出來救駕。發了一串觀世音救苦救難的影片、彌勒佛笑口常開的勸世文和蓮花美圖搭配靜思小語，意圖淨化聊天室。不過那支影片至今還靜靜地躺在聊天室裡。

之後沒多久，朋友發給我一張插畫家馬來貘畫的讀者投稿，內容是爸爸發了成人影片到群組卻不知道如何收回，我這才發現郝家的長輩並不孤單，而這是一個廣大青年後輩們必須正視的問題。

有次跟一個朋友聊天，他說他的母親每天也都會發長輩問候圖給他，但他選擇忽視，因為不知道回什麼。直到有一天母親終於忍不住問了：「你怎麼都已讀不回我？」他才驚覺原來母親是會介意的。當然，如果你會介意曖昧對象對你的訊息已讀不回，那麼父母當然也會在意的。

對於長輩們來說，你可能會發現它們發的訊息常常是很生硬的，因為不了解你的生活，所以只能問你吃飽沒、提醒你天氣變冷了要多穿一條褲子。也許你的生活很忙碌，那些問候理所當然到你不知道要做什麼回應。我的父親也是，每天早上的八、九點他會發來一張圖，因為他很不擅長噓寒問暖，可是又希望和在外地工作的孩子有些互動，只好發長輩圖，其實仔細想想，那些醜醜的長輩圖和勸世小語裡隱藏的只是一句：「孩子你還好吧？我們很好，你在外面要加油。」甚至一張長輩圖只是他們報平安的方式，要你不用擔心家裡，**他們懂得生活、會用手機、知道怎麼製作問候貼圖，他們努力不與社會脫節，也努力和你活在同樣的頻率上。**

所以我也開始在手機裡存了很多長輩圖，收到他的問候時，我也會回一張圖回應他們含蓄的關心。當然經過那次的郝氏家族群事件後，我回家後立刻教父親怎麼收回訊息，希望不要再發生那樣的憾事（？）

在台灣，每六十秒就有一位長輩發錯東西到群組不知道怎麼收回；每五個家庭就有二點五位長輩必須活在恐懼之中，因為他們不知道什麼時候必須救駕（這段數據沒有任何根據，請勿當真）。所以，我在這裡呼籲各位，在教會長輩享受社群軟體的便利同時，也別忘了教他們如何回收訊息。請關心他們，讓他們知道如何保護自己，也讓更多長輩不再需要救駕，真正離苦得樂。

孩子你還好吧！
我們很好

他的期待不是你的期待

春節過完沒多久，我和一些朋友見面，大家就聊起了過年期間和親戚朋友見面的事情。其實到了我們這個年紀，親戚朋友什麼的已經沒辦法在我們心中引起太多波瀾，畢竟一年見不到幾次面的人，不管是把他們的話當耳邊風、用力頂撞或敷衍也就過去了，不痛不癢，最難的其實是自己的爸媽。

大家紛紛說到了自己和爸媽們過不去的點。有人長年在台北工作，幾年過去薪水沒有漲多少，職位也不上不下的，雖然生活過得也不至於潦倒，但在爸媽眼裡沒有發達致富就不如回到爸媽身邊，在爸媽眼前看得到總是比較安心，有事還可以馬上給予照顧。是啊，大多數上一輩的父母總是希望可以再多照顧孩子一些。我常在想，如果我有天真的當了爸爸也會這樣一直想要把孩子當孩子嗎？在我自己的想像，我應該是那種孩子成年就想叫他去工作、過年給我發紅包的那種爸爸？

最讓朋友不耐的是，儘管他已經工作了好幾年，也表明自己現在的工作是他想做的，但爸媽還是不放棄要他去考公務員。這讓我想起奶奶還在的時候，她也是一見到我就要我去考公務員，不停告訴我鄰居的誰誰誰，或是堂弟、堂妹都考上公務員了，薪水很不錯又穩定，我應該也要這麼做。我跟她說，我現在的工作也不錯啊，當編輯很好玩而且我還出書囉，她問了我出書賺多少，我老實跟她說賣一本書可以抽得版稅後，她答：「那不如考公務員吧？」沒錯，做為一個作家的酬勞就是這麼沒有說服力。

另一個已婚朋友發言了，「這聽起來也還好吧？我爸媽更煩，我已經告訴他們我不想要小孩了，他們就是無法接受，尤其是我媽媽，一直喊我不孝。」兩人的爸媽都是最典型的上一輩父母，希望子女都在身邊，然後子孫滿堂，這樣就是人生圓滿，死而無憾。兩人互相爭論誰的父母更難搞，誰的情況更棘手。

這時兩人看向一邊聽著兩人爭吵一邊喝熱奶茶的我，「誒，聽了這麼久，你覺得呢？我的狀況比較麻煩吧？」不得不說這樣的情況真是令人頭疼，我只是想好好喝杯奶茶怎麼還要被逼著想事情呢？印證了魯迅的那句話──「人類的悲歡並不相通，我只覺得他們吵鬧。」除了我覺得他們吵鬧之外，也說明了他們兩人只是在強調自己的情況嚴重，也很正常，因為我們很自然地都會放大自己的情況和感受，當別人的「其他事」放在一起比較時就小了很多，但對方並不這麼覺得，彼此都沒有相互理解下，爭論就成了噪音。

其實這個問題我也經歷過也正在經歷，拿工作來說，爸媽也曾經希望我去考個公務員就好，到台北工作薪水不高、物價高、房租高，他們看來一點都不划算；至今單身的我最常被叨念的當然就是他們想要抱孫這件事，可是這件事有什麼辦法呢？結婚生子這件事，對有些人來說是再自然也輕鬆的事（我說得輕鬆是指讓它發生容易，然而後續的經營婚姻、教養孩子可完全不是那麼一回事。）但對另一部分的人來說就不是那麼容易了。而這對不同時空背景的人來說，他們更是難以體會我們這代正在經歷或感受的。沒錯，人類的悲歡並不相通，即使是血濃於水的關係。

「難道就沒有可以說服他們的方式嗎？」他們不約而同地問。我的想法是，有，但絕對不是立即的。有時我也覺得很無奈，像我們這樣的普通百姓為什麼要經歷這麼難的事？既不是要回到父母身邊繼承龐大家業，也不是生了小孩就能成為六宮之主，為什麼我們還要承受這麼大的「期待」？

說到底還是我們無法無視父母的期待，
因為愛，因為不想讓他們失望。

不過我的想法是，在顧及他們的期待時，我們還是應該把自己的期待放在前面，因為這個年紀的我們已經看過太多那些把別人期待放在自己前頭的人，大多過得不快樂，最後旁邊的人也不快樂，兩敗俱傷。想想對自己來說什麼是最重要的，一對快樂的父母還是能夠自我實現的你，孰輕孰重沒有標準答案。重點在於你想清楚了，而過程你必須作出犧牲或產生附帶損害，可能就是傷了爸媽的情感，或辜負了他們的期望，而你能做的只有溝通，和讓他們看到你很好。

就像工作，他們希望你回家考公務員，你只能告訴他們，這個時代有很多也很好的選擇，試著做出一點成績，必要時用錢塞他們的嘴，讓他們知道你過得很好，也許漸漸他們就不在意你是否要當公務員了；至於像是成家、生子這樣的糾結，則需要更多的時間和力氣，還在打這場仗的你，我希望你知道你並不孤單，因為我也是。不管如何，我都希望你知道——

你想要的永遠是最重要的，
他人的期待，不該是你的期待。

03 我們大致相同，卻又與眾不同

給「時間」一點時間

相信你一定聽過「慢慢來，比較快」這句話，這句話一開始大多用在交通安全，告訴你安全駕駛是回家最快的路。

然後偶爾在聽朋友的感情煩惱時，我時不時會拿出這句話安慰，但那時並不是出自於深刻體會，而是出自一種結合時事、半開玩笑加上一點阿甘的心態而產生的一句話，像打油詩、歇後語那樣，只要情境對了，放在對話裡面效果就很好。

但隨時間過去，我越來越覺得這句話是真理，而且適用於包括你我在內的普通人身上。先說我的好友好了，因為他和我一樣都是在大城市裡生活的都市青年，工作忙碌之餘同樣也渴望有一份穩定的感情。當我們都在急著尋找的路上時，碰到了不少我們以為會長久的感情。這種相遇是很吸引人的，好像突然就從天上掉下來砸中我們，一下子陷入熱戀，一下子就幻想和對方白頭到老了。每一次他都告訴我，這個對象和他有多契合，他們的相遇一定是不可多得的緣分，但也總是過沒多久就聽到他告訴我這段結束了。像火花一樣，突然地開始，也快速地結束。

有一次我和這位好友出去玩，看他三不五時都會看簡訊，臉上露出一種令人不悅（？）的曖昧氛圍，我問他：「怎麼樣，在跟誰聊天？」

他說只是一個在交友軟體認識的對象，對方好像是個不錯的人，見過面也已經持續聊天了幾個月，但沒有那種強烈心動的感覺，好像沒什麼化學反應。我聽了就放心，喔不，是不以為意。直到某次我的好友經歷了一次人生重大打擊，他的家人突然過世，人在異鄉的他每天都過得很糟、很難過。和其他曖昧對象不一樣，他沒有因為我好友無心和他曖昧就消失，反而在這個時間陪在他身邊，聊天、散心轉移他的注意力，經歷過至親驟逝的人一定可以了解，那段時間如果有人陪在身邊，真的會很有幫助。

某天好友告訴我，他和那個對象在一起了，一切都很自然，他發現這樣一個穩定感很高的人是他想要的，那些高速碰撞的火花、欲言又止霧裡看花的曖昧雖然很吸引人，但終究很難長久。

還不止這個例子。有個朋友曾經對他的上司很有好感，但礙於上司已經結婚所以她一直都只能遠觀。朋友後來離開那間公司，兩人也只僅止於在社交網路上按讚留言的關係。幾年過去，她在一個工作場合和這位上司重逢，聊天後知道原來他已經離婚，也才知道原來在幾年前他們都曾經彼此欣賞，後來，他們結婚了，還生了兩個可愛的小孩。

還有一個好友，他和現在的對象三年前因為工作認識，那時也都對彼此有好感，但因為某些原因當時無法有好結果，後來我的好友離開台灣工作，在疫情期間他回來台灣偶然又遇到了這位三年前沒結果的對象，兩人才開始約會，然後正式開始交往。

這幾年我也碰過不少人，數量多到我幾乎都能歸納出一個通則，三次約會內就想要和你在一起、甚至是就能說出愛你的，如果在一起通常也很快就會結束。有人說：「以十倍速接近你的人，也會以十倍速離開你。」這句話說得一點也沒錯，至少我和朋友都身體力行了這句話。

「那難道就沒有天雷勾動地火、開始就轟轟烈烈的那種史詩級的愛情嗎？」當然有啊，但這樣的愛情畢竟不普通，大多時候只會發生在不普通的人身上或者韓劇裡，就是因為在生活裡稀缺，才讓人心生嚮往啊，對吧？

所有好的事情
都是需要時間的

所以我大概能說，在關係裡，那些過於熱烈的都不是愛情，是激情，是短暫的荷爾蒙爆發，是情緒化，很多時候經不起冷靜思考。這段時間我還看了一部韓國戀愛實境秀，簡單說就是彼此不認識的陌生男女一起同住屋簷下，看誰跟誰能配對。其中有一對入住的第一天就互有好感，形影不離，一副幾乎要交往的樣子了。但男方後來發現女生原來是個富家女，一個月的零用錢是三十萬台幣，有時候比較不小心，會花到六十萬這樣。知道的當下男生大受打擊，畢竟他上節目是為了找結婚對象，對於之後的發展，我想我是真心不看好。

以前我常會相信判斷一個人喜不喜歡你，和他幾秒內回你訊息、和他是不是天天打電話給你有關。你們第一秒見到彼此的化學反應說明一切，多快牽手、親吻或上床都是很重要的指標。

但現在我想，所有好的事情都是需要時間的。他也許不能秒速回你訊息，但他說的話都是重點；他懂你的字裡行間，也懂你的欲言又止；他沒有天天打電話給你，但是卻讓你感覺到他時刻都在。

不論是了解自己的興趣、知道自己想要什麼或是認識一個人，
也不管你的性別、性向和成長背景，
對於人生和職涯，心急都不會是一個最好的心態，
因為那會讓我們變得魯莽、草率和容易後悔。

當我們年輕的時候，也許時間是最不值錢的，可以快速地投入、隨意地揮霍，那段時間的追尋是以量取勝，在不斷地失敗中累積經驗值。累積到了一個年紀，也許是三十以後吧，只有放慢速度才能看清楚很多事情的真實樣貌，包括一個人、一段關係的可能性。

所以，也許現在的你很著急，我懂，我也很急，對於很多事情都是。但我已經願意放慢腳步，給心急的事情一點距離，也給「時間」一點時間。

我所理解的生活

說到獨居，我其實不算一個新手了，除了求學階段和幾個好友住在一起，度過了一段有趣的同居生活，出社會開始工作之後，我一直都是一個人住。

時常有朋友問我，一個人住不無聊嗎？回家後一個人都沒有。那時住的地方非常小，回到租屋處就是一張床、一張桌子、一個衣櫃，眼睛看到的地方就是全部。而那時候的我並不覺得無聊，很大一部分原因是，我做為一個生活在台北、二十幾歲的青年，社交生活是非常活躍的，根本不會想在那個膠囊大小的地方多待。回到家、盥洗後、入睡前的短短幾小時，剛好用來滑手機和追劇，時間根本不夠用，哪來這種感嘆？

這時候的獨居是無比自由的，在那個頂加五樓的陽台上，我想抽菸就走到外面抽菸，看著低樓層的住戶們，甚至荒唐地覺得自己有一個這麼大的陽台，比他們幸福多了。

後來搬去一間電梯公寓，地方大了不少，也精緻了一點，下雨的時候牆壁不會有水珠，窗戶不會滲水，也不會因為隔音差半夜聽到隔壁房間傳來奇怪的聲音。不只這樣，雖然陽台小了一點，但我有一個自己的小廚房了。剛搬進去的時候，我很興奮，因為出社會這麼久第一次住在一個還算正常的房子裡，出國不再需要扛行李爬好幾層，垃圾還有專人收；走出家門兩分鐘內就可以到一條很熱鬧的商店街，走路十分鐘就到公司；如果朋友一約可以隨時出門，玩到多晚都沒關係，反正不管到哪計程車回家都是十幾分鐘的事，甚至更快。也因為這樣，每一天都覺得自己住的地方實在太完美了吧，如果可以給生活分數，那時的我真的會給一百分。

不過這樣的生活過了幾年，我開始覺得不滿意了，人都說：「房子是租來的，但生活不是。」每次出國時看到喜歡的家居用品想要入手，都會因為地方太小或到時要搬家不方便而作罷；或是當我想要換喜歡的傢俱、想要把屋內的色調調整成喜歡的感覺，但都被房東拒絕。回到家後想要真正的休息，創造屬於自己的儀式感，都因為種種的限制無法達成而感到氣餒。沒多久疫情爆發了，待在家的時間突然變得很多，無法出門之下甚至很多時候要在家裡運動、做飯，這些都讓我發現，這個地方好像已經變得不符合我的需要和想要的生活型態。

於是，我開始看房子，然後還真的入手了一間位在「蛋盒區」的房子，朋友知道後都問我，「你是真的要搬過去還是買來投資啊？」我想我的財力還真的無法買房只是拿來投資用，就這樣我離開住了十年的台北市，到了全新的蛋盒區。

即便已經不是獨居的新手，一個人住在三房兩廳的空間裡還是非常不一樣，明明待在家裡的舒適圈，卻還是不斷地出走舒適圈。像是第一次打開配電箱了解每一個開關對應家裡的區域；嘗試自己組裝傢俱後才發現，有些傢俱自己組裝真的又快又省錢，而有些傢俱真的不要自己來，不然會有生命危險。就算是一個全新裝潢好的房子，還是有很多需要優化的地方，例如還是要購買一些收納容器或道具，甚至是排水孔都要自己換成有網子的來阻絕蟑螂蚊蟲。一個家要操心的事情非常多，畢竟擁有一間真正屬於自己的住處後，沒有辦法發生什麼事情都打電話給房東。

還有冰箱，很多時候裡面放了什麼根本就忘了，如果沒有常常去關心內容物就會發生可怕的慘劇。為了時常為冰箱新陳代謝，我開始研究一些簡單的料理。例如最基本的蛋，除了煎成荷包蛋，還可以做蛋捲或是複雜一些的玉子燒、煎蛋湯等等，打精力湯也是一個很好的方式，除了可以很快速解決早餐的需求，也似乎很健康。於是我花在廚房的時間越來越多了，常常為了煮某一道料理，就去添購一些廚具和料理用品；也常常看著食材突發奇想以為可以這樣做，結果做出很可怕的料理，例如煎藍莓。

03 我們大致相同，卻又與眾不同

失衡是一種校正回歸，
也許就是生活的常態

在這樣的獨居生活中，我感覺生活好像變得挺有趣的，不斷地給我出一些很新鮮的功課，這些功課雖然很煩但更多時候是有趣的。當偶爾來家裡作客的朋友誇獎我煎的魚，或是說我準備的早午餐有新台幣五百元的價值，讓我心情挺好的。證明我在獨居的過程中是有成長的，這些大大小小的挑戰就像是生活給的禮物吧！而獨居就是消化生活給我的饋贈。

以前我想像著，等我真的擁有了屬於自己的家之後，我要一個很完美的空間、很完美的生活型態，成為一個精緻的都會男子。不過，到了現在的年紀，我是擁有了自己的地方，但沒有達成我年輕時對自己的期望，我的家離上班地方有點遠，和朋友吃飯時必須隨時注意時間；還是獨居且依舊沒有辦法料理出完美的菜餚、燒一桌菜宴請朋友。我完成了一個粗略的藍圖，裡頭卻充斥大大小小的缺陷和不完美。

粗糙是生活紋理，缺陷是平淡的亮點，失衡是一種校正回歸，也許就是生活的常態，像漂亮的臉蛋上叉出的鼻毛、炒飯裡的一根鋼絲、層架上那顆永遠無法鎖得平整的螺絲、華美袍子裡爬出的跳蚤。

沒有完美，也沒有一百分。
可是這樣的日子還不錯，
也是我所理解的生活。

跟著我一起變老的浪漫

某一次的情人節，一個已婚的友人發了一張照片給我，她說辦公室有個年輕妹妹收到了一大束花，所有年齡相仿的女生都聚了過去，像吃腳皮的魚那樣（？）圍在那個女生桌邊不停讚嘆著：「天啊～好浪漫喔！」「要是我男友也這樣就好了！」「我男友超級不浪漫的，根本不會製造驚喜！」

友人在電話的另一頭，波瀾不驚地說：「真好，還會為了這種事興高采烈的。」

「喔？難道妳現在不想收到花了嗎？妳已經對浪漫免疫了是不是？」

「不是，我還是想要浪漫啊？只不過現在對我來說最大的浪漫就是，我老公會自動自發地到廚房洗碗，如果他買洗碗機，我甚至願意再嫁他一次。」

長大這件事會改變體質，例如小時候吃什麼都沒事，過了一個年紀卻發現自己吃什麼都過敏；酒精和熬夜從來不是一個需要謹慎面對的敵人，但現在只要一個不小心就足以把我們擊倒在地，久久無法恢復。

我們對於浪漫的感受力也隨著年紀發生了抵抗力上的變化。小時候的浪漫是要不怕丟臉，你要敢在眾人面前大聲嘶吼、在大雨裡不顧一切地奔跑，記得那時候最流行的就是，一群人簇擁著一個男生或女生，到另外一個人的面前，大聲喊叫「我喜歡你！」如果害羞一點的就用一張情書代替。不過也許現在的孩子們已經不這麼做了，畢竟他們可以在手機訊息裡發語音、放煙火、送一張肉麻貼圖，總之那個動作要大到被看到，越明顯直接越好，目光的數量和浪漫指數是成正相關的。

如果小時候的浪漫是奔放的汽水，那麼再大一點的浪漫應該是一杯全糖的手搖飲，必須夠甜、夠膩。這時候的浪漫是要把回憶做成一個看板、把他的名字刻在身上、為他買到一個別人都買不到的限量版或是排了幾小時的隊，只為他想要的一塊蛋糕。這時候的浪漫也是每隔幾天，坐一兩小時的車到另外一個縣市和他吃頓飯或者見上一面。你也會願意熬夜、存錢為對方規劃一趟旅行或帶他去一場演唱會。這時候的浪漫是不管ＣＰ值的，因為什麼時間、金錢那種俗氣的東西，遠比不上對方開心的臉。

再來，我們慢慢長成大人了，知道全糖飲料不能天天喝，浪漫漸漸成為細水長流的日常。浪漫是每天下班公司樓下的那張臉、一起吃飯談天、彼此記得對方重要的日子、睡前的擁抱和早晨的輕吻。最浪漫的事，是「你吃不下，我幫你吃」、「你鞋帶掉了，我幫你綁」，像一場耐力賽，無時無刻地把對方放在嘴邊、手心、心口。

不過不是每個人都能在這場耐力賽持續不懈，很快的，這樣的勢頭就會減弱，趨於平緩，但這時的浪漫很多時候可能會激起非常巨大的功效。寫書的這年，我一位很好的朋友過世了，走得很突然，我們這幾個好友特別無法接受。事情過去一段時間後，我在一次閒聊裡隨口問了其中一位好友，老公對她做過最浪漫的事情是什麼。

我們認識很久了，都知道她和老公是從大學交往至今然後結婚，老公的個性稱不上木訥但也絕不浪漫，甚至節日也都是問好我朋友想要什麼才去買的那種，更不用說精心計劃些什麼了。

她那時告訴我，老公做過最浪漫的事情是，在她得知我們好友過世那時，靜靜地陪在她身邊，給她一個倚靠的肩膀和擁抱，不會叫她「不要難過」，只是在她身邊，陪她一起經歷這些情緒。她說，這是那個什麼浪漫都不懂的男人，做過最浪漫的事情。這時候的浪漫講求的是瞬間爆發力，平時你不一定感受得到，但在

03 我們大致相同，卻又與眾不同

必要時卻是牢牢接住你的力量。

而這時的你知道，浪漫已經不再是那麼絕對，不是那種「我眼裡只有你、你是我的全世界」一直逼史詩的規格了。你們可能經歷誘惑、考驗、選擇，每個關卡都拉著你們分道揚鑣。

這時候的浪漫也許會是，
他有各式各樣的選擇，他知道其他的地方有更多可能性，
那裡也許有更美好的風景，可是，最後卻還是選擇了你。
你是他理性評估後最不理性的選擇，
但你卻讓他的感性戰勝他的理性。

浪漫是一個很美好的東西，它跟著我們一起長大、改變，它曾經像汽水裡的氣泡那樣躁動，也像全糖奶茶般膩口，更像汽車安全氣囊一樣為你擋下每一次生

活的衝擊。那麼浪漫最後會成為什麼？

寫書時，我去醫院做了一次全身體檢，回程的路上我看到一對老夫妻，他們走得緩慢，同時又不斷地拌嘴，一下嫌對方麻煩，一下念對方不該做這做那，兩人就這樣一步步慢慢地走到接駁車的候車亭。過程中爺爺從未將奶奶的手放掉，奶奶走累了，爺爺就停下來陪她一起等，儘管他們錯過了一班車，兩人的腳步始終保持著齊肩、並行、等待這樣的節奏。我總是被牽手的老夫婦觸動，也許對我來說，這就是最終極的浪漫，我不是一個人，我的嘮叨、我的牽掛、我的腳步裡始終都有另外一個人。一種最普通，也最難得的存在。

理想的生活

某次我去參加一個廣播節目，主持人問了我一句：「你理想中的生活是什麼樣子？」

接到這個問題時我想了幾秒，心中有很多想法和畫面閃過，的確，我給這本書的命題是「生活」，但我好像還沒好好想過什麼是我理想的生活？

首先，我的第一個想法是可以整天發懶、無憂無慮地過日子，就像卡通裡的櫻桃小丸子那樣，但這個答案第一時間馬上就被我從心裡刪除了，除了講出這個答案太丟臉，有失我作家身分之外，生而為人怎麼可能無憂無慮？實際生活中再無憂無慮的人都有它的煩惱，不管那些煩惱和別人比起來有多微小，但煩惱這種東西本來就是比較出來的，同樣是一千塊對我來說很多，但有人一餐就吃這樣的價錢，眼睛都不眨一下。

那麼，理想生活到底該怎麼看？「應該是能夠做自己喜歡的事情吧？」想到這個我覺得好像是個很好的回答，我喜歡的事情好像有很多，喜歡寫東西、喜歡看書、喜歡把家裡打理成好看的樣子，也喜歡運動帶來的成就感（身材變好看）。

但當寫字這件事變成我的工作時，我開始對它厭倦了，覺得要不停輸出好累，難道我就這樣一直寫都沒個盡頭嗎？其他的看書、整理、運動也因為工作忙碌，很方便地我用這個理由就拖著不做了。本來的一天、兩天一次，最後變成一陣子。

後來有段時間因為疫情嚴峻，我們都必須在家工作，不能出門以後，我多了很多時間，我開始有時間重拾地上的書本，掃地上的灰塵，拿出塵封已久的運動器材，一項項重新溫習這些愛好，好填滿這些多出來的時間。但當生活漸漸恢復正常時，我又開始怠慢這些我喜歡的事了，有一搭沒一搭，三天捕魚兩天曬網。

原來喜歡的事情會膩，也會因為其他的事情分心而忽略他們，你說是我不夠專注，我說是因為我的太陽星座。不管什麼理由，「能夠做喜歡的事」這件標準好像也不太靠譜，畢竟我喜歡的事情也會讓我厭倦、也會使我提不起勁。

那麼還是「我希望我很有錢」這個答案呢？那怎樣可以說是「很有錢」？存款一千萬、兩千萬？還是有車有房？那房子的地段要在哪？要買什麼牌子的車？

有了那麼多錢我就可以做我喜歡的事情了，那我喜歡的事情是什麼？還是看書、寫字、整理家裡和運動嗎？不可能吧？很有錢我不是應該乾脆自己蓋一座圖書館或根本把一間出版社買下來，以後我隨便寫什麼我的員工都要買單幫我出書，甚至我想出寫真集他們都要想辦法幫我達成吧？

可是很有錢之後，我住的大房子裡會有我愛的和愛我的人嗎？會有一個能夠和我一起生活的對象嗎？我們會有聊不完的話、會懂得彼此的喜怒哀樂、會彼此一起進步成為更好的自己嗎？他會喜歡我的靈魂，而不是我美麗的皮囊和幾個億的存款嗎？還是我會一個人守著大房子，某天倒在廁所裡，屍體被我養的柴犬和橘貓啃光呢？

那麼「希望我的生活過得很有安全感」，安全感不會出錯了吧？身為太陽巨蟹的我最在乎的不就是這個了嗎？但仔細想想安全感這東西存在嗎？當然是存在的，但它的存在似乎只在當下，不是穩定的。譬如你的另一半告訴你他永遠愛你，你信嗎？我信，我相信每個玩笑話都帶著一點真心，也相信一個人敢跟你提到「永遠」時都是真心且懷抱著勇氣的，但也僅止於在那個當下。否則世界上不會有那麼多分手。一張結婚證書能給你安全感嗎？那結婚後面的離婚呢？

我以為我錢放在一支穩健的股票裡應該很安全的，但在台股大跌時我投的錢直接腰斬一半；我們生活在一個富足的國家裡應該很安全，但國際情勢詭譎多變，某個國家領導人看我們不順眼，或我們的誰說錯了什麼話，飛彈馬上瞄準我們，這時再看看自己擁有的家當可能連逃難都有問題。說到底，人生在世哪有什麼安全感？

再說，人的一生若只追求安全感，是不是也代表你的生活可能一成不變、停滯不前，那種面對風險的惴惴不安不也是進步的動力嗎？

也就是不管我過上什麼樣的生活，什麼樣看似美好的日子，背後、底下都可能藏著許多煩惱，像張愛玲那個有名的比喻：「再華麗的袍子底下都可能爬滿了跳蚤。」

地球在轉的每一分鐘世界都在變，
人也在變，
每一個當下的美好，
明天都有可能風雲變色。

理想生活也許是一種心理狀態，
一種專注在自己身上，不拿別人的地圖找自己的路

這該死的主持人問我一個這麼難的問題，在這短短的時間裡，我飛快地思考這該死……該給什麼答案。

沉默了一會，我說：「我好像想不出什麼樣的生活才是理想的生活，但我想要成為一個有能力去面對各種生活煩惱的人。」

世界上的每一個人都在面對各自的煩惱，不管在別人的眼裡你過著多好的日子，你的憂慮也只有你自己知道。所以，所謂的理想生活也許是一種心理狀態，一種專注在自己身上，不拿別人的地圖找自己的路。

所以，我希望我往後不管過著怎樣的生活，不管是厭倦了喜歡的事了、有錢但心裡空虛了、覺得自己的生活受到威脅了，面對比這些屁事更小或更大的煩惱時，我都有辦法去處理和消化。

擁有允許事情發生的能力，對於生活能夠見招拆招，
有努力生活的拚勁，也有跌倒再站起來的餘裕；
勇於感受情緒，但不再容易被情緒左右或擊倒；
允許自己只是個普通人，但樂於讓自己變得更好。

這是我理想中的生活，也因為是理想，所以我還在學習，希望正在看書的你也是，也正在前往自己理想生活的路上。

你很普通，卻應該自信

在我寫書寫得如火如荼的二〇二二年，出現了一個很紅的網路用語叫「普信」，也就是「普通且自信」，可以用來形容男生或女生，但這個形容詞多少帶著負面的意味。

通常「普信男」對女生大多帶著有敵意的刻板印象，喜歡炫耀自己，喜歡說一些不得體的話還自己覺得幽默；「普信女」則是只在對自己有利的地方示弱，且認為男生應該要在這些地方多加「照顧」，例如經濟。此外，她們對男生標準嚴苛，低於高富帥標準的男人一律無法入眼。

但我實在不願意見到「普通且自信」這麼美好的特質如此地被用在這樣負面的描述上面。如果你從第一篇讀到這第三十篇，你應會發現我在書中不斷提到「普通」兩個字，因為我認為它代表了我們大多數人的狀態。

在這本書收尾的時候，我去看了電影版《灌籃高手》，大受感動。電影版用了很獨特的視角，主角不是我們熟悉的那個魯莽、充滿熱情的櫻木花道，不是流川楓、赤木剛憲或三井壽，而是擔任後衛的宮城良田。

宮城在一群出色的隊友之中不是最強的，他也從來不是最引人注目的。他在家中排行老二，哥哥早在中學時就展現了亮眼的籃球天賦和技術，他在後面苦苦追趕，但在別人口中還是「和他哥哥差太多了」。進入湘北高中籃球隊後，雖然速度很快但和隊友一比還是相形失色，更慘的是他身高居然還不滿一百七十公分。電影裡的宮城在一群傑出的巨人之間顯得弱小，所以成長的過程中他選擇逃避和自暴自棄。

有好幾幕，他看到赤木的「大猩猩灌籃」、流川楓進攻如入無人之境、三井神準射籃還有櫻木爆發力十足地搶下籃板球，他的眼神流露出驚訝、景仰，心中暗自說著：「好強！」你說像不像我們看著那些成功人士們的表情？

可是這群強人最後因為宮城的關係，找回了合作的默契，以及他展現了自己特訓的成果，用敏捷的速度突破了對方的包圍，也突破了落後的僵局。最終流川將球傳給櫻木，零秒出手射籃，湘北奪冠，電影院裡的觀眾都不小心出聲歡呼。

我們可能都想過自己可能會是與眾不同的那個，也都妄想過成為最厲害的那個，然而現實早已決定我們有多少斤兩，但那並不代表我們因為普通就都該躺平。有首台語老歌歌詞是這樣寫的：「三分天註定，七分靠打拚。」我一直覺得這句歌詞太過樂觀了，應該反過來——「七分天註定，三分靠打拚」。

我想，即使普通也要保持樂觀和向前，即使步伐小，終究是一步，就算時間長，還是往前了。有句話說：「一個人的性格決定他的際遇。如果你喜歡保持你的性格，那麼，你就無權拒絕你的際遇。」

電影中湘北在最後追分時，赤木讓宮城帶頭喊了口號，象徵他將接下隊長的位置。沒錯，下一任隊長不是其他各個像星星一般閃耀的隊員，而是那個一開始弱小、曾經迷惘但努力不懈的宮城，他是這個球隊需要的領導者，是整個球隊向前的靈魂。而這個世界也許需要的就是一個像你這樣，和大家大致相同，卻又與眾不同的人。

普通人可以選擇躺平，
那你就得接受你那可預見的未來；
而你若願意抱著希望加上努力，
也許未來還有許多未知的也許。

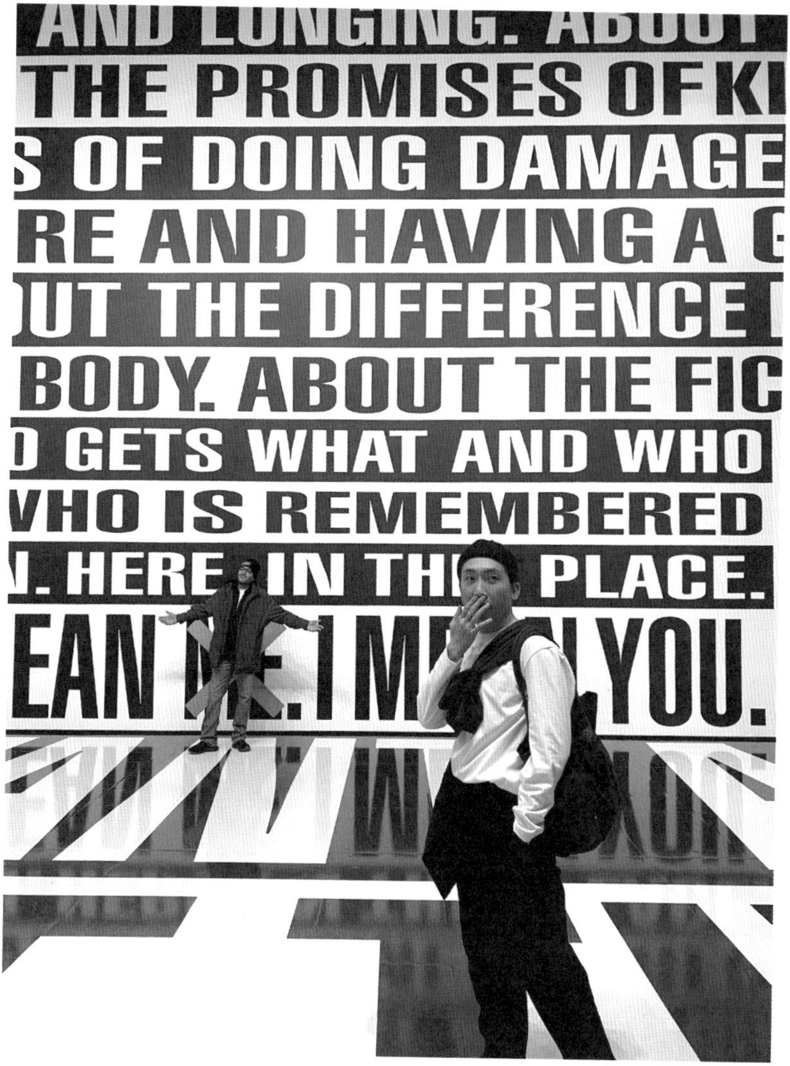
AND LONGING.
THE PROMISES
OF DOING DAMAGE
AND HAVING A
THE DIFFERENCE
BODY. ABOUT THE
GETS WHAT AND WHO
IS REMEMBERED
HERE IN
PLACE.
YOU.

想靠臉吃飯，生活卻逼我拚盡全力

一個才華有限熟齡青年的赤裸告白

作　　者——郝慧川
主　　編——林巧涵
責任企劃——蔡雨庭
美術設計——Bianco Tsai
插畫繪製——Bianco Tsai
版面構成——林曉涵

第五編輯部總監——梁芳春
董　事　長——趙政岷
出　版　者——時報文化出版企業股份有限公司
一〇八〇一九臺北市和平西路三段二四〇號七樓
發　行　專　線——（〇二）二三〇六六八四二
讀者服務專線——〇八〇〇二三一七〇五
（〇二）二三〇四七一〇三
讀者服務傳真——（〇二）二三〇四六八五八
郵　　撥——一九三四四七二四　時報文化出版公司
信　　箱——一〇八九九臺北華江橋郵局第九九信箱

時　報　悅　讀　網——www.readingtimes.com.tw
電子郵件信箱——yoho@readingtimes.com.tw
法律顧問——理律法律事務所　陳長文律師、李念祖律師
印　　刷——勁達印刷有限公司
初版一刷——二〇二三年三月三日
定　　價——新臺幣三八〇元
（缺頁或破損的書，請寄回更換）

想靠臉吃飯,生活卻逼我拚盡全力/郝慧川作. -- 初版. -- 臺北市：時報文化出版企業股份有限公司, 2023.03
ISBN 978-626-353-522-0(平裝)

1.CST: 人生哲學 2.CST: 生活指導
191.9　　112001264

時報文化出版公司成立於 1975 年，並於 1999 年股票上櫃公開發行，於 2008 年脫離中時集團非屬旺中，以「尊重智慧與創意的文化事業」為信念。
ISBN 978-626-353-522-0　　Printed in Taiwan